監察權新論

蕭 欽著

文史哲學集成
文史哲出版社印行

國家圖書館出版品預行編目資料

監察權新論 /蕭欽著 -- 初版 -- 臺北市：文史哲, 民 99.10
頁； 公分（文史哲學集成；590）
參考書目：頁
ISBN 978-957-549-930-3 (平裝)

1. 監察 2. 監察權

573.8 99019998

文史哲學集成 590

監 察 權 新 論

著　　者：蕭　　欽
出 版 者：文 史 哲 出 版 社
http:// www.lapen.com.tw
e-mail：lapen@ms74.hinet.net
登記證字號：行政院新聞局版臺業字五三三七號
發 行 人：彭　正　雄
發 行 所：文 史 哲 出 版 社
印 刷 者：文 史 哲 出 版 社
臺北市羅斯福路一段七十二巷四號
郵政劃撥帳號：一六一八〇一七五
電話886-2-23511028 · 傳真886-2-23965656

實價新臺幣二〇〇元

中華民國一百年（2011）元旦初版

ISBN 978-957-549-930-3 00590

自序

簪筆蘭臺，擒文蓮幕。有緣與各監察委員或學者、名流等，時相晉接，感監察權式微，為國人譏為「祇拍蒼蠅，不敢打老虎。」是以於公餘之暇，從事探導監察權何以未能發揮彈劾、糾舉等各項權責之成效所在，遂蒐集世界各國憲法中之監察制度，暨本國歷朝監察（諫官）制度之權責，加以研究。閱廿餘寒暑，手撰《監察權新論》約五萬言，煞費苦心。

觀夫監察院自民國三十六年行憲，開國元勳于右任首任院長，在任數十年中堅持監察權之威性，屹立不搖。並任內曾彈劾副總統李宗仁暨各院院長、部長、地方首長及幕僚官員等文武百官之違法失職，經分移國民大會罷免、暨公懲會、法院各予懲處、法辦在案，迄今卅餘年來計313件，堪云可觀。致監察院之聲威，盛及一時。曾聞　先總統蔣公主持某次國大會議中討論監察權變動時，右老當即藉故離席，以表異議。會後派蔣經國先生踵院晉謁于院長，特予陳明，原議案已保留云。足見于院長對監察權之何等重視。繼李嗣璁、余俊賢二院長任內，雖致力於監察權之提昇，糾彈案亦多，限於情勢所趨，而監察權之威望，仍一蹶不振。乍聞彈劾某單位主官違失時，其上屬長官不予尊重，反將被彈劾人員調升者，其對監察權之漠視可知矣。繼又黃尊秋、陳履安二院長時期，對監察院建樹和改組，貢獻良多。再繼而錢院長復、王院長作榮、之大執法，革新制度，績效顯著。惜監察權，早已低落，一時難以伸張。當今之王院長建煊率先監委，勤採民隱，執法如山，擴大宣導，聲勢豪壯，有此氣魄，殊為僅見。

際此民主風潮所趨，法令制度受限，立即重振監察權聲望，亦不易也。倘欲齊包青天（拯）之鐵面威風，施公案（世倫）之聽斷如神，以及于髯翁之堅毅不屈，且看王聖人暨監委諸公之智慧與毅魄之大有為焉。

余才學譾陋，研讀不精，尚能井條有理，一目了然。拙著謂新論者，除中華民國憲法及臨時條款原有之規範落實外，特提出新構想、新見解之芻議。如當局依法修訂配套措施，以提振憲法監察權之功能，不無裨助也。是為序。

中華民國九十九年歲次庚寅王春月　鄂南蕭　欽星禧

監察權新論　目錄

緒　言

監察制度之演變，前人著述甚多且詳，不再贅及，所應探討者，厥惟如何使監察權落實問題。就監察之文義言之，為「監督」及「察核」，是主動的而非被動的，是動態的而非靜態的，即事前行使監督權、事後行使察核權，監與察的對象，不問為機關或其所屬官員，凡有執行職務違反法令發生損害於國家或人民權益者，均為監察權行使的範圍，亦唯有如此，民主政治才能實現、否則、徒托空言耳！因之，有監察權才有民主政治，是民主政治必需有監察權，如果監察權不能完全行使，事前疏於監督，事後疏於察核，任令行政機關及其成員為所欲為，國家與人民權益同失保障，則監察機關形同陪臣，何以言功能？由此可以肯定監察權是民主憲政中的主角而不是配角，這是我對監察權的第一個觀點。

我們是一個五權立憲的國家，我們的憲法遵奉　國父孫中山先生遺教建國方略，建國大綱，三民主義精神所制定，他這些遺教，融和了我國情與歐、美憲政國家政體，綜和而成；更感於孟德斯鳩所主張的三權分立制度，尚難稱全民政治，截長補短，首創五權憲法，將政府組織，除國民代表大會外，分設：行政、立法、司法、考試、監察等五院，共同管理國家，各自獨立行使職權，並互相牽制，使政權與治權分立，避免極權統制積弊，期以達成全民的民主政治，這裡我必須強調的是：民主政治為還政於民，不能為某一個黨派或個人所獨攬與把持，因而將政權與治權劃分，政權屬於國會，治權屬於政府，國會之構成員，為全民直接或間接選出，即國會所代表者為全民意志，故為執掌政權機關。政府之組成，係取決於國會，如機構之設置，員額之核察，國會得審酌其是否需要，為同意或不同意之議決，不得自由行之，必需聽命於國會而行使治權。稱國會者，即全民直接或間接所選出之中央民意代表組成之機關，我國憲政體制之國會為國民代表大會。立法院、監察院屬之，為政權機關；行政院、司法院、考試院，同為治權機關，在組織體制上雖同以院稱，在實質上則大相逕庭，不可相提並論，尤其監察察權對行政、司法、考試三院，行政行為，事前有監督權、事後有察核權，即政權之行使，倘若三院在行使治權時，違反憲法及法律，監察院任何一位委員均可行使監察權，提案糾正、糾舉、彈劾，一經成立，治權機關或屬員，依法應有接受之義務，無反抗之權力，即總統、副總統亦不例外亦無權變更！因其如此，在民主憲政上才能產生絕對功效，這是我對監察權的第二個論點。

就民主憲政言之，一部監察史、就是一部人權史、行使監察權，均旨在保障人權、不以國家或人民為要件，蓋民主政體、國家主權屬於全民，國家權益受損害，而全民權益受損害，無國家即無個人，無個人即無國家，個人與國家，國家與個人，同屬一體，為不可分離而存在，一部歷史的演變，不問國與國之事，種族與種族之事，黨派與黨派之事，宗教與宗教之事，甚至個人與個人之事，其爭端均不外乎擴張與維護本身權益使然，至於眾暴寡，強凌弱，是非與公理，在所不計，成王敗寇，以能駕凌於人者為上，古今中外歷史，情形無不相同，民主憲政則反是，為遏阻爭端，不得不重視人權，西方學者盧梭，首倡天賦人權學說，主張每一個人的權利，同為上帝所賦予，均可自由行使，不容侵犯，獲致政治家及人權學者所響應，因而浸成民主議會制度，以維護人權為第一要義，人民亦逐漸取得參政權，爭取被奴役人民應有的權益，受盧梭人權運動之影響甚大，稱人權者，泛指每一個人在生存期間之一切權利也。蓋我國憲法對人民權利與義務，特設專章以列舉式規定，凡經列舉者為基本人權，不分男、女、宗教、種族、階級、黨派，在法律上一律平等，同受憲法之保障，在這些基本人權中、有些可以自由行使，但必須本於法令，有些不得自由行使，必須具備法定條件而取得，如派公職需應考試，應考試需受資格限制，各級民意代表，除具備各級考選之資格外，取決於多數票而產生，政府官員、行政、司法、考試三院正副院長，大法官、考試委員及經總統提名，分經立法、監察兩院同意後始得任命，其餘政務事務官，或提請總統任命，或各院先予派代，派代人員，更須經銓敘機關銓定後始行取得各該職位，統稱之曰特別人權，因之，我們每一個人民，除享有同一基本人權外，具備相當條件者，亦可依法令而取得特別人權，這些特別人權，除受禁治產或褫奪公權者外，政府機關非依法律不得侵害（政務官除外），無論屬於基本人權之私權益，均同受法律之保障，如行政機關或其所屬官員，在行政行為上，不問其為故意或過失處分不當而使國家或人民權益蒙受損害者，監察院均得行使監察權而謀救濟，這是我對監察權的第三個論點。

由上所述，可見監察權在民主憲政中所應負的責任是何等的重要？我之所以一再強調人權者，因為民主政治，就是人權政治，有人權才是民主，是民主必護人權，政治的最終目的，在收服民心，民心之向背，關係國家之興衰存亡，古云：「得民者昌，失民者亡」。又云：「得天下有道，得其民斯得天下矣，得其民有道，得其心斯得民矣」。政治不是講理論而是講現實，不是重宣傳而是重實踐，理論與宣傳，甚難獲得人民所接納，例如我們政治口號要肅清貪污，消滅特權，事實上貪污風氣，遍及社會每一角落，委以清高自潮之醫院學府，亦起而效尤，不但未能肅清，反而更甚，特權為害尤有過之，由於行政機關內部積弊叢生，特權乘虛而入，或關說案情，成非法貸款，不敢抗拒，報章雜誌，時有報導，特權亦未消滅，試問何以取信於民？何以使民心服？諺云：「為政不在多言」，貴在言出必行，商鞅徙木以立信，蓋信不可失矣，民不可欺也，無可諱言者，我們處此非常時期近四十年來，為顧及國家安全與人民福祉，在行政措施上，人民權益或多或少受到損害，積怨難釋，一遇有人煽惑，則群相呼應，一發不可收拾，足以動搖國本。孔子曰：「大畏民志」，信不誣也。知機於未形，防患於未然，為政治之首務，行政之缺失，有些是可以避免的，如肅清貪污，消滅特權是，近年來我們究竟辦了幾件？可以說是雷聲大，雨點小，常以為事出有因，查無實據，而不了了之，或予點到為止，各級機關主管，多不願家醜外揚，鄉愿成風，非但不加追究，甚至為其辯解而文過飾非，政風焉得不壞？民心何從而服？說來話長，又牽扯到監察權之行使問題，假設負有糾彈之柏台諸公，充分行使監察職權，雖不能幣絕風清，亦可發生嚇阻作用，這是我對監察權的第四個論點。

保障人權之機關有三，第一是警察與檢察官，第二是法院，第三是監察院，即三道雷池，凡人民與人民間，或人民與政府間，其法定權益遭受不法侵害時，均可稱法定程序訴求第一及第二機關予以救濟，如仍有冤屈，監察院為最後救濟機關，亦保障人權之最後一道防線，如被突破，民主政治，即告崩潰，受枉屈者對法律與政府均失去信心及信賴，民心何以悅服？形成政府與人民間無可彌補之鴻溝，須知法為天下之公器，貴在持之一平，失出不可，失入亦不可，失出失入，均足以影響民心，如何爭取民心，必須先平民怨，先民之憂而憂，後民之樂而樂，民之所好聚之，民之所惡去之，以服民心，平天下不平事，白世間不白冤，以息民怨，司此風憲者，監察院責無旁貸，立法院為維護人權而立法，監察院為維護人權而護法，按國家頒訂法律，均係以人民為對象，規定其作為或不作為，或限制其作為，憲法亦本此一原則，不問何種法律、政府與人民間之關係，是相對的，不是絕對的，私法如是，公法亦如是，私法以政府為仲裁人，公法以政府為執行人，均取決於政府，就公法之土地法言之，政府依第二百零八條及第二百十二條規定，有強制征收人民私有土地之權，如其征收之土地不依核准計劃使用，或於征收完畢滿一年後未實行使用者，原土地所有權人，將按原征收價額收回其土地，為同法第二百十九條所規定，即政府可強制徵收，人民亦可依法收回，雙方均應受其拘束而共同遵守，其他公法亦類是。部分人民認為私法仲裁，常涉偏頗，公法執行，常有違反，投訴無門，遷怒政府，近年來引起政治風潮，良非無因，如長此下去，為禍不知伊於胡底，當前社會風氣腐敗，執政黨中央委員會蔣主席曾慨然指出，司法，稅務，地政，警察……積弊甚深，責成從政同志，應力加整飭，可見行政機關凡與人民有接觸機會者，無不積弊叢生。簡言之，非錢莫屬，在政治上已不是疥癬之憂，而是膏肓之豎，如不痛下鍼砭，難以起死回生，遏阻枉法之徒最後雷池，唯監察院能之，這是我對監察權的第五個論點。

我寫這本監察權新論的動機，不是想出鋒頭或炫耀自己，亦無意中傷別人，對監察院而言，為本於春秋責賢者之心情，敦促柏台諸公充分行使至高無上的監察權，使頑夫廉而懦夫立，謹提芻蕘之見以供參考，其次，本書為就事論事，惟求通俗，不拘文字，參照中外立憲國家政治體制，有關監察制度史實，分章敘述，并探討我們現行監察制度與未來之趨勢，期對民主憲政有所助益，於願足矣。憲法學術浩瀚，監察制度更源遠流長，當非作者管見能及於萬一、幸諸先進暨讀者諸君子有以鑒之教之。

第一章　歷代監察制度之嬗遞

凡立國莫不有政治，而促進政治之清明，則非有完善之監察制度難以為功，古今中外皆然。我國為世界最古老國家之一，具有五千餘年之文化歷史，有文獻足徵者，亦近五千年，由堯舜之揖讓而至湯武之征伐，其政治之體制，已有軌跡可循，在尚書之堯典，舜典，禹貢，湯誓諸篇中見之，惟崇尚神權，畏天命，敬鬼神為其政治上之特色，與歐美國家信奉天主或耶穌相似。至於官制官規，僅周代較詳，堯，舜，禹，湯四個朝代，則付闕如，不便作有無監察制度之推論。就史籍記載，我們對監察制度的形成，有兩個概念，第一是長官對所屬的監察，第二是專設機構對所有官員的監察，前者為形式上的監察，流弊叢生，後者為實質上的監察，較為客觀，我國現行監察制度，係採後者，淵源於御史及諫諍制度。茲將歷代之嬗遞情形略述於次：

第一節　唐堯、虞舜、夏禹、商湯時代

我國政治史有記載者，始於唐堯、虞舜、夏禹、商湯時代，其政治之形態如何？官制官規如何？在尚書之堯典、舜典、禹貢、湯誓各篇，無詳細記載，其他史籍，亦無可考，在其千餘年之歷史中，各該朝代之政治體制難明，其間有無監察制度？則不便斷言與置論。

第二節　周代之御史制度與諫諍制度

論監察制度者，類以監察制度淵源於御史制度，周禮六官即有御史之官名，司監察之責，秦代而後，成為監察制度，糾彈百官，即監察制度由御史制度演進而成，就理論言之，自無可厚非；就事實言之，則非必然，著者乃有不同看法：

第一款　周代御史制度，尚難似同監察制度：

御史官名，就文義而言，「御」為君主之尊稱，如御駕親征，御賜上方寶劍，御筆，御批，御覽，御璽，御花園等，凡君主之行為，均稱曰御。史官為君主近側之臣，司理

文書，掌管紀錄，頒佈法令，兼理朝儀，為君主耳目，與今日之秘書及情報人員相類是，並無監察之職權或為監察權行使之具體依規。蓋周伐紂而統天下，實施封建制度，將宇內土地，分割與內親外戚，以公、候、伯、子、男，為其爵位，均稱國。大國地方百里，公爵侯爵屬之，次國地方七十里，伯爵屬之，小國地方五十里，子爵男爵屬之，被封之地曰采邑，世襲之，均稱諸侯。中央設六官，即天官大總宰，地官大司徒，春官大宗伯，夏官大司馬，秋官大司寇，冬官大司空，執掌中央政府。各國設大夫，上士，中士，下士治理地方，各國諸侯除朝覲貢賦外，中央則不過問各國政事，採中央與地方分權制度。因之，中央政府與所屬各國諸侯，皆各自為政，為春秋時代之政治體制。降至戰國，群雄併起，互相殘殺，齊桓，晉文、宋襄，以侯爵而僭稱公，秦穆以伯爵而僭稱公，楚莊以子爵而僭稱王，號曰五霸，屬於大逆不道，中央不問焉。列國諸候，同為周天子所策封，屬兄弟之邦，彼此殘殺兼併，百餘國被滅亡，而韓、趙、魏、燕、楚、齊、秦，號曰七雄，周室已名存實亡，中央不問焉。韓、趙、魏，為大夫而纂齊，孟孫、叔孫、季孫以三家而亡魯，均屬叛逆，中央亦不問焉。吾故曰周代無監察制度，御史亦非執行監察之官吏也。

第二款　諫諍制度，則近似監察制度：

周代戰國時期中，諫諍制度大立，專司言責，多以匡正君過為職志，其人選，貴族者有之，外戚者亦有之，凡臣僚認為其君主言行有失當者，均有規勸之責，非以特定之官吏為限。如祭公諫周穆王之征犬戎，召公諫周厲王止謗，石碏諫衛莊公之寵州吁，祭仲諫鄭莊公之寵太叔段，臧僖伯諫魯隱公入棠觀魚，臧哀伯諫魯桓納郜鼎於宋，宮之奇諫虞侯假道於晉，蹇叔哭秦師，迄猶膾炙人口者為太史之筆，一為晉正卿趙宣子盾，不見容於靈公出亡，尚未離境，其族人趙穿弒靈公，盾聞變返朝。太史書曰：「趙盾弒其君，」盾辯之。「亡不越境，返不討賊，非子而誰」？盾為之詞窮。二為齊崔杼弒莊公，太史書曰：「崔抒弒其君」。佈於朝，崔杼怒而殺者三人，第四人則免之，而在外太史亦相繼執簡回朝，聞已直書，始中止焉。因史官之善盡言責，使亂臣賊子懼！雖然，他們非御史或言官，而其表現，則類似監察作為，形成後世監察制度之影響，功用至大。

第三節　秦代為確立監察制度

秦嬴政，併吞六國，統一天下，鑒於周之敗亡，種因於中央與地方分權，各國諸侯擁兵坐大，眾暴寡，強凌弱，朝綱不振，天下大亂，乃廢封建，置百官，稱帝號曰始皇帝，有至萬世而不替之意圖，實施中央極權，開專制政體之先河，中央及地方權力，悉予控制，為有效統制內外百官，非一人之力可及，在丞相李斯之輔弼下，成立監察制度。其特點有二：

一、中央置御史大夫，御史中丞，侍御史，將原執掌之文書，治令，紀錄，朝儀，悉予免除，專司中央百官。有違令者之彈劾，而御史大夫之品位，僅次於丞相，周列三公、位高權重，百官畏服。

二、地方置監御史，多由侍御史選任，如後世之京官外放者然，監察郡縣，掌理郡縣官吏之彈劾。按秦制之郡，為中間之行政單位，惟無實權，有如我訓政時期之行政督察專員公署，郡以轄縣，而以監御史執行監察權。

始皇帝國之大，對政治控制之嚴密與專橫，史無前例，欲圖萬世基業，僅二世而亡者，乃其殘暴所致，收天下兵器以絕亂源，焚古人詩書以愚萬民，築長城以阻北胡，阬儒生以斷智謀，全民共憤，陳、吳揭竿而起，萬方響應，卒以亡秦，雖有良好之監察制度，為其專橫所敗壞。書曰：「天作孽猶可違，自作孽不可活」，其嬴秦之謂歟。

第四節　漢代之監察制度

漢代承秦制，對監察制度，尤為重視，以御史大夫掌理之，位貳於丞相，置御史中丞及侍御史，并有吏員凡三百餘人，除糾彈不法官吏外，並兼可奏事，祭典，朝會，封拜，律令，鑄印，車馬，有時得承君命，督捕盜賊，督運糧秣，督兵征討，治理大獄，撫慰外夷，均由侍御史任之，非僅掌糾彈之監察權而已，亦即監察權力之擴大與增強。漢代四百餘年中、御史中丞，侍御史之品信，時有更迭，對於監察之行使，並無影響。其特質有三：

一、御史大夫與丞相，太尉，並列三公，綜攬監察全權，以正百官，即丞相有失，亦得舉劾之，不因位次丞相而有所顧忌。

二、御史行使監察權，多以卑而察尊，唯問是非，不問品第，漢代御史之品位，多屬七品或八品，上自皇宮，下及州郡，內無所不監，外無所不察，即皇親貴戚，一視同仁，均不例外，內外官吏，無不敬憚，監察權威，因而確立。

三、為防止監察積弊或偏頗，增設司直，司隸，與御史三足鼎立，同司上下內外百官之監察，藉免御史權重弊生，顧慮至週且詳，在相互制衡與彼此力圖表現下，而監察權益加落實。

西漢與東漢對御史之名及秩，雖一再變易，而監察之本質，亦如往昔，其間新朝王莽，雖廢漢制十八年，光武中與，仍復舊制，分天下為十三州，州置部刺史以司地方之監察，即中央與地方之監察制度，均臻於完備，後代多沿之。

第五節　魏、晉以後各代監察制度之概述

我國監察制度，始於秦，盛於漢，均以御史為基幹。在官制上，雖有御史大夫，御史中丞，御史丞，侍御史，監御史，州刺史，左右都御史，其名稱或為御史台，或為察院，或為都察院之不同，其品信由二品至八品亦不等，但其對百官之糾彈以正朝綱之目的，則屬一致，即貴為皇太子或皇太后，亦得為之。惟問其有無違失，不計其尊卑，在無所不監與無所不察之下，朝綱大振，百官威服，因而開漢代文景之盛世。故魏、晉以後，歷代均沿其制，其間雖有沿革，僅重視與否問題，於監察制度之存在，則無庸置疑。茲附帶說明者，諍諫制度，其作用屬專對君主，與監察制度之對百官糾彈，截然不同，

故從略，特加說明。謹將歷代監察制度概述於左：

壹、三國時代

漢代末葉，魏據中原，蜀守益州，吳擁江東，三足鼎峙，號稱三國，宇內再由合而分，彼此各自為雄，力圖兼併，兵連禍結，歲無寧日，生民塗炭，其政體仍多沿漢制，各置有御史中丞，或左右御史，以司百官之監察，雖因闕於史實資為考據，但監察制度之存在，則可斷言。

貳、魏晉時代

魏併蜀吳，統一天下，官制官規，多沿於漢，將御史改制為司空，非屬監察之制，旋又復舊，又將御史中丞改制為宮正，稱御史台，監察朝中百官，置監防御史監察宮內貴族，置監御史監察郡縣官吏，並設司隸校尉與御史台同司朝廷內外百官之糾彈，使互相牽制而杜民弊，為魏晉監察制度之特色，職權分散，殊無可取。

參、南北朝時代

晉遷江東，禪位於宋曰南朝，鮮卑統一北方，稱魏曰北朝。南北對峙，南朝歷宋、齊、梁、隋四朝；北朝亦分為東魏與西魏，東魏禪位與北齊，西魏禪位與北周，而北周則為隋所纂，南下滅陳，係東南北分立之局，復歸一統。按南北兩朝有一共同之點，重視監察制度，置御史中丞，其服飾之莊嚴，地位之崇高，除與尚書官（丞相）分道外，其餘百官於道相值，均應避之。禮遇之隆，前代所無，以之操整肅百官之監察權，內外無不震懾。

肆、隋朝時代

隋朝崛起於北方，統一宇內，其政治制度，有如秦漢，惟對監察職權未能專一，以御史台監察京內百官，以司隸台監察州縣外官，各自為政，互不相屬，所為糾彈事宜，均直達於君主，將監察制度，分由兩個不同單位行使，監察權為之分裂，事權不專，與魏晉情形相同，有失監察之功用，不足以為制。

伍、唐朝時代

唐興，重視司憲，綜合歷代體制，截長補短，監察制度，益臻週密，遠勝前代，設御史台，以御史大夫為台主，分三院行使監察權。一曰：台院侍御史屬之，糾彈內外不法；二曰：殿院殿中侍御史屬之，糾彈宮廷貴族；三曰：察院糾彈州縣官吏，三院御史總員額，逾六百餘人，促成貞觀之治，尤其御史對百官之彈劾，可直達於上，不必告知御史台，亦可對御史大夫為之，天子所下制詔，得為拒受，為唐代御史制度之一特質，前後朝代，均難與如似。

陸、五代時代

唐末，藩臣跋扈，天子失權，肇致後梁、後唐、後晉、後漢、後周之五代局面，五十餘載中，歷五朝，八姓，十三君，喪亂連年，紀綱廢弛，風憲銷聲，各代均沿唐制，以御史大夫掌御史台，置御史中丞，御史丞，侍御史，殿中御史，監御史等監察百官，彈劾不法，與唐代相似。惟因武人專權，不遵法紀，監察職權，無由行使，為禍亂之源。

柒、宋朝時代

宋承五季之後，為免藩鎮坐大及消弭亂源，一切制度，咸以鞏固天子地位，加強朝廷權力為主，改變漢唐監察體制，採分權制度，行政權不專屬於宰相，監察權不集中於御史，廢御史大夫，御史台以建議大夫司之，並設都御史房，掌御史之考核黜陟，一反歷代以監御史監察地方之前例，改以轉運使，走馬承受，提點刑獄，取代地方監察職權，即御史台僅對京中百官執行監察，外官不與焉，更須受郡御史房之考核，御史台已無自主權力，尤其地方之監察權之行使，為他官而非御史，可見宋代之監察制度，其體制極為混亂。

捌、遼金時代

遼統中原，官制分南北，南治漢人，北治契丹，即一國兩制。監察制度沿唐，金亦循之，置御史台，以御史大夫為台主，設御史中丞，侍御史、殿中御史，監察御史等，並將唐宋之台院，殿院，察院合併為一，同屬御史台，京中百官，由侍御史，殿中御史監察之，地方官吏，由監御史監察之，置監察使與按察使輔助之，事權集中，監察亦稱嚴密。

玖、元朝時代

元以異族入主中國，仿中原官制，採三權分立制度，以中書掌政務，樞密院掌兵柄，御史台掌監察，並於御史台下設行御史台二，江南者曰南台，陝西者曰西台，以監御史任之。又各行台分道地區，各道置肅政廉訪司，以御史任之。御史台所屬為八道，南台前屬為十道，西台所屬為四道，共為廿二道，執掌內外百官之監察，規模之大，組織之密，無以復加。以異族而統治中國，如此重視監察制度，亦殊難得。

拾、明朝時代

明承元制，仍採三權分立制度，以中書省掌政務，都督府（元之樞密院）掌軍事，御史台掌監察，為加強監察職權，並將御史台改制為都察院，仍以御史大夫任之。置左右都御史及副都御史，糾察百官不法，置監御史達百餘人，分掌全國十三道，以各道之幅員不同，配置之監御史之人數亦不一致，有數人者，亦有十餘人者，執行監察職權，並可代天巡狩，凡上自藩鎮大臣，下及府，州，縣官，如有違失，均得獨立彈劾，不受都察院之控制，監御史職權之重且大，為歷代所僅有。

拾壹、清朝時代

清代入關前，其官制為承政與參政兩部，入關後，沿明制，因其為異族入主中國，為安撫絕大多數漢人，設官採滿、漢同額制，但實權仍操滿人之手，仍沿明制，設都察院，置左右都御史掌院務，滿、漢各一人，專司風憲，糾察百官，將全國分為十五道，各道置監察御史若干人，與明代相似，均滿、漢同額，掌地方監察，除稽查宗人府不法須滿族御史外，其餘文武百官之違失，則監察之職權相若，大都以滿人之意見為意見，對漢官之彈劾者為多，對滿官之彈劾者極少，名為平等，實非平等，終於以夏化夷，而未為夷所化也。

第二章　民國監察制度之沿革

第一節　北京政府時期之臨時約法

辛亥武昌起義後，各省代表集會南京，成立參議院，決議成立臨時政府，推　國父孫中山先生為臨時大總統，於翌年一月一日就職，參議院同時著手草擬臨時約法，旋、清帝遜位，　國父奪袁世凱繼任臨時大總統職位，同年三月公布統一約法，其中關於監察制度者，有第八條：「參議院得以關於法律及其他事件之意見建議於政府」。第九條：「參議院得提出質問書於國務院，並要求其提出答覆」。第十一條：「參議院對於臨時大總統，認為有謀叛行為，得以總員五分之四以上之出席，出席員三分之二以上之可決，彈劾之」。第十二條：「參議院對於國務員認為失職或違法時，得以總員四分之三以上之出席，出席員三分之二以上之可決，彈劾之」。第四十一條：「臨時大總統受參議院彈劾後，由最高法院全體審判官互選九人，但組特別法庭審判之」。第四十七條：「國務員受參議院彈劾後，臨時大總統應免其職，但得交參議院覆議」。即參議會行使彈劾權，僅以臨時大總統及國務員（含各部總長）為限，其他軍公人員均不得行使彈劾權。又第廿八條：「臨時大總統，除典試院，察吏院，審計院，平政院之官職，及考試，懲戒事項外，得制定文武官職官規」。其中察史院與審計院，則屬今日監察委員掌管之業務，即民國開元之初，監察權即被重視。

第二節　北京政府時期之天壇憲章

國會於民國二年十月六日集會選舉大總統時，在袁世凱所發動之公民團包圍下，要脅國會，高喊袁氏如未當選，就不讓各議員離開議場，於第三次投票結果，袁氏則以得票過半數當選。同月十日，就正式大總統職，時憲法起草委員會之國民黨籍委員或被暗殺，或被逮捕，或予逃者，達十餘人，其破壞憲法會議之表態極明，致原支持袁氏之進步黨員，亦生戒心，轉而與國民黨籍委員攜手合作，加速起草條文，完成三讀，通過憲法草案，即天壇憲草，採用為袁所反對之內閣制，憲草第四十一條：「眾議院認為大總統，副總統，有謀叛行為時，得以議員總數三分之二以上之出席，出席員三分之二以上同意彈劾之」。第四十二條：「眾議院認為國務員有違法行為時，得以議員總額過半數之出席，出席員三分之二以上之同意彈劾之」。第四十四條：「參議院審判被彈劾之大總統，副總統及國務員：前項審判，非以總額過半數之出席，出席員三分之二以上之同意，不得判決為有罪或違法。判決大總統，副總統有罪時，應黜其職，其罪之處刑，由最高法院定之。判決國務員違法時，應黜其職，並褫奪其公權，如有餘罪時，付法院審判之」。即天壇憲草亦重視監察制度，袁氏認為對其不利，留中不發。民國三年一月下令解散國會，並操縱原約法會議，增修約法，據以頒布平政院編制令，其下設置肅政廳，司官吏之糾彈權，以修訂之約法為憲章，併參眾兩院為立法院，擴大總統職權，立法院對大總統有謀叛行為時，以總議員五分之四以上之出席，出席議員四分之三以上之可決，提起彈劾之訴訟於大理法院。關於國務卿及各部總長有違法行為時，受肅政廳之糾彈及平政院之審理。頒布新約後，並假借民意，於民國四年稱帝，號曰洪憲，五年被迫撤銷帝制，鬱鬱以終。

第三節　北京政府時期之賄選憲法

黎元洪以副總統而繼任大總統，恢復民元之臨時約法。召集舊國會，撤銷軍政院之肅政廳，翌年以對德國宣戰問題，受制於國會，忿而解散，部分議員南下，於廣州集會，否認北京政權，議訂軍政府組織大綱，奉　國父孫中山先生為大元帥，形成南北分裂，同年十一月組成臨時參議會，修正國會組織法，民七年二月，選舉徐世昌任大總統，段琪瑞續任國務總理，民九年七月，直、皖戰爭爆發，皖系敗績，徐氏被迫下野，黎元洪再度入北京擴大總統職，新國會亦告消滅，並撤消民六年國會解散令，原南下議員，亦先後北上復會，在曹錕威脅利誘下，選舉其為大總統，國會在曹錕之影響下，民十二年成立中華民國憲法，人譏之曰「賄選憲法」。其間有關監察權部分，多仿民二年天壇憲草、國會之彈劾，以大總統及國務員為限，其官吏，如有違法失職行為，由兩院咨請政府查辦，不受國會彈劾，關於彈劾大總統及國務員之程序，與天壇憲草，無多大異趣。民十三年，奉直戰爭又起，直軍失敗，曹錕去職，段琪瑞入北京，組織臨時執政政府，自任執政。至此，北京政府亦無國會或類似機關之設置，統由執政政府綜理所有政務，直至北京政局告終。

第四節　國民政府之軍政時期

北京政府歷袁，黎，徐，曹，段等五人主政，先後雖有臨時約法、新約法、天壇憲草、賄選憲法、中華民國憲法之頒定，關於監察制度之條款，類以彈劾大總統及國務員為限，但從未執行，國會亦時而解散，時而召集，更無定制可言。國父孫中山先生鑒於北京政府之作為，與民主政治相去甚遠，難以救亡國存，就任大元帥後，以清除北洋軍閥為職志，召集國會，但組軍政府，民十三年召開第一次全國代表大會宣言，揭示政府組織，採五權分立制度，十四年成立國民政府於廣州，同時公布國民政府之行政、立法、司法、考試、監察、五院之組織法，即五權憲法之肇始。監察院於同年八月成立，設監察委員五人，互選一人為主席，主持院務，下設五局一科，各局事務分由委員兼理之。第一局掌總務及吏治；第二局掌訓練及審計；第三局掌監察郵電及運輸；第四局掌監察稅務及貨幣；第五局掌密查及稽查。一科掌官吏遵守黨規，各局下設二科辦理有關事務，以嚴密監察國民政府所屬各機關官吏之行動，如有違法失職情事，即起訴於懲吏院懲辦之。旋改主席為常務委員制，由監察委員輪流擔任，處理日常事務，下設三局，一處，一科，並擴大監察職權，要者有二、㈠，為撤銷各官吏損害人民權益之違法或不當處分。監察院不待人民之陳訴，得逕以職權撤銷或變更各官吏損害人民權益之違法或不當處分，有關官署如不服監察院撤銷或變更之決定，得於奉到執行命令之次日起，十日內提出抗辯書，但經監察院維持原決定時，應即按照執行，倘有關官署不服監察院之決定，而不依限提出抗辯書，同時又不按照執行，監察院即提起糾彈，交付懲吏院懲戒，即監察院兼理行政訴訟事項。㈡、為逮捕犯罪官吏，監察院得不待人民之控告，逕以職權檢舉，必要時并得發逮捕狀逮捕之，即監察院具有檢察官之職權。嗣於民十五及十六年先後修正監察院組織法兩次，除增設人員及調整組織外，並明定職掌為：㈠發覺官吏犯罪。㈡懲戒官吏。㈢審判行政訴訟。㈣考察各種行政。㈤稽核財政收支。㈥統一官廳簿記表冊。此一時期，因急於繼續北伐，軍書旁午，監察尚無暇組成為院，職是之故，因之稱為軍政時期，但監察制度之規模已大致具備。

第五節　國民政府之訓政時期

國民革命軍於民十七年完成北伐，統一全國，籌組各級政府機關。進入訓政時期，以孫中山先生倡導之五權憲法體制，設行政、立法、司法、考試、監察五院，歷數年之籌備，監察院於民廿二年二月正式成立，首任院長于右任氏，同時就職視事，監察委員名額，由原十九人至廿九人改為廿九人至四十九人，同年十二月修正國民政府組織法，據將監察委員名額增為卅人至五十人，由監察院長提議國民政府主席任命之，惟在訓政時期中，監察委員為官派而非選舉，其監察對象，又為各級政府官吏，極易招尤或構陷，不得不予確切保障，否則，即難期盡其職責，故有監察委員保障法之頒定。其保障有四端：㈠職位之保障：非經中國國民黨開除黨籍，或受刑事處分，或受禁治產之宣告，或受懲戒處分，或轉任未經其同意者，不得免職、停職、或調職。㈡言論之保障：監察委員行使職權時所發之言論，對外不負責任。㈢身體之保障：監察委員除現行犯外，非經監察院之許可，不得逮捕、監禁、監察委員為現行被逮捕時、逮捕機關，須於廿四小時以內，將逮捕之理由通知監察院。㈣安全之保障：監察委員在職中，所在地之軍警機關、應為充分之保護，執掌全國違失公務人員之監察，并設監察使署，由委員兼任監察使，抗戰時期，巡監戰區，均由監察院長提議國民政府任命之。審計權併入監察職權，廢審計院設計部，置部長，政務次長，常務次長各一人，由監察院長提議國民政府任命之，下設三廳一處（總務處），置審計九至十二人，協審十二至十六人，稽查八至十人，廳長由審計兼任，第一廳掌全國各機關之事前審計事項；第二廳掌全國各機關之事後審計事項；第三廳掌監察事項，總務處掌文書、統計、會計、廳務事項，每廳分設三科，科長由協審或稽查兼任。該部為嚴密中央暨各省市及地方機關之審計，稽查，在各省市分設審計處，在中央及省市公務機關，公有營業機關，設審計辦事處，抗戰軍興，成立巡迴審計小組，辦理就地審計與巡迴審計工作，計設有廿二個審計處，卅五個巡迴小組，七個辦事處，即全國由中央、省、市、地方、公營事業，戰區，各機關之審計網、無所不在。即訓政時期，監察權為彈劾與審計兩權，其由院直接行使者，為彈劾權，間接而交由審計部行使者，為審計權。民廿七年為配合軍事發展，制訂非常時期監察權行使暫行辦法，監察使署組織條例及監試法，監察院復有糾舉、建議、調查、巡查、監試等權。因之，監察權在訓政時期中至為龐大，其體制簡述於次：

㈠監察委員非由選舉所產生，而係由監察院提議國民政府所任命，因而院長與委員間具有長官與部屬之關係存在，院長可指定彈劾案之審查委員，即在體制上須受院長之節制。

㈡監察委員為院長提議國民政府任命，與一般官員相同，使其職務應受特別保障而異於其他公務人員，故其任期並無限制，但不得兼任中央或地方政府各機關之職務，亦不得為人作介紹書信，以杜流弊。

㈢受理公務員之懲戒機關有五：⑴中央黨部監察委員會；國民政府委員，選任政務官，監察委員受彈劾者屬之。⑵國民政府政務官懲戒委員會；選任以外政務官之被彈劾者屬之。⑶中央公務員懲戒委員會；全國荐任職以上及中央委任職公務員受彈劾者屬之。⑷地方公務員會（附設於高等法院或院轄市法院），地方委任職公務員受彈劾者屬之。⑸軍事長官懲戒委員會；軍事長官（高級）被彈劾者屬之，普通軍官佐被彈劾時，由軍政部核定之。

㈣懲戒處分為：⑴免職。⑵降級。⑶減俸。⑷記過。⑸申誡。對於特任官、政務官、立法委員、監察委員，其懲戒處分，以免職及申誡為限。

㈤糾舉權為訓政時期中之特質：凡屬公務違法失職其情節重大，認為應速去職或緊急處分者，得由監察委員或監察使一人以書面提出糾舉，不必連署，更無須交付審查，程序較為簡單，不如彈劾案件之繁複，呈經監察院長審核後即送出，同時逕向各該管長官提出，被糾舉人之主管長官或其上級長官，接到糾舉書後，應即決定撤職或其他行政處分，涉及刑罰者，於行政處分後，即移送審判，以收刑先懲後之時效。

㈥監察委員或監察使對違失之公務員所為之糾舉或彈劾，屬於事後之警惕，而非事前之防範，為期防微杜漸，就巡察，調查，與平時核閱人民申訴書狀，對各級政府各部門施政上之得失，最為明瞭，應興應革事項，亦較客觀，就見聞所及，建議於政府，作施政之參考，提高行政機關之注意力，國民政府將此建議權畀予監察院之原因在此，監察委員或監察使所為建議，於報院後提出，多為行政機關採納，甚收宏效，即事前防範違失之積極監察運作。

㈦監察院委員或監察使，行使糾正、糾舉、彈劾之職權時，類為：⑴主動調查：即監察委員自動請求調查之案件，但須與另一委員會同之，所為調查結果，須意見一致，始可循序提出。⑵派查：收受機關移送或人民檢舉違失案件，由監察院指派監察委員或監察使、或職員，為實地調查，認為有違失之情事者，始可循序提出。⑶行查：凡收受人民陳訴事件，對於具體事實有欠明瞭，由監察院行文委託其他機關代查，或函其原處分機關查復者，再輪由監察委員一人審核之，如認有違失，再循序提出。不問為主動調查、派查、行查，在審查中，均不得對外洩露案情。

(八)調查人員持調查證，赴各公署或公務機關調查其檔案冊籍時，各該公署或機關之主管人員，不得拒絕，並不得藏匿應被調查之案件、另要時，調查人員得臨時封鎖該項案件，或攜去全部或部分（攜去部分，由調查人給予收據），並得查詢該項案件之關係人及調查其證物。調查人員執行職權，遇有必要時，得持調查證，知會憲警協助，不得接受地方一切供應，調查完畢時，應提出報告。

(九)審計為監察權之一，由所屬之審計部執行之，概括為：(1)監督政府所屬全國各機關之收入命令及支付命令。(2)審核政府所屬全國各機關之計算及決算。(3)核定政府所屬全國各機關之收入命令及支付命令。稽查政府所屬全各機關財政上之不法或不忠於職務之行為。即(1)(2)兩項為事前審計，(3)(4)兩項為事後審計，前者屬於事前之監督，後者屬於事後之察核，防止支與付之浮濫。

(十)審計機關依審計法第二章之規定，執行事前審計，審核各機關分配預算，審核財政機關各項經費支付書，臨審人員核簽駐在機關收支憑證。依同法第三章之規定，執行事後審計，審核各機關所編送會計報告，審核各機關年度決算及各級政府之總決算，審核各級公庫之收支報告。依同法第四章之規定，執行稽察以防止財政上之不法或不忠之行為，對各機關收支、現金、票據、證券為機動之稽察。對各機關財物之盤查。對各機關營繕工程、及購置、變賣、財物之開標、決標、驗收、債券抽籤、償還、銷毀、收回之監視。各機關人員對於財務上應負之責任，非依審計機關審核決定，不得解除，如違法情節重大者，審計部得報請監察院彈劾移付懲戒，即在訓政時期中，監察制度，業已大立，憲政時期，亦多因之。

第六節　訓政時期之五五憲草

五五憲草，係於九一八之變發生後，中國國民黨，於民廿一年十二月在南京召開第四屆三中全會，為集中民族力量，抵抗外患，挽救危亡，決定積極遵循建國大綱所規定之地方自治工作，繼續進行憲政籌備，並定於民廿四年三月召開國民大會，議決憲法，終由立法院起草，立法院於民廿三年三月一日公布初稿，同年十二月十四日，經中常會決議，以遵奉總理之三民主義，建立民有、民治、民享之國家，為中華民國憲法草案原則，立法院本此原則加以修正，呈由國民政府於民廿五年五月五日，公布為中華民國憲法草案，故稱五五憲草，該一草案其特點有二，即國會與總統，分掌政權與治權，茲分述之。

㈠國會：第卅二條：「國民大會之職權為：⑴選舉總統、副總統、立法院院長、副院長、立法委員、監察院院長，副院長、監察委員、考試院院長、副院長、考試委員。⑵罷免總統、副總統、立法、司法、考試各院院長、副院長、立法委員、監察委員。⑶創制法律。⑷複決法律。⑸修改憲法。⑹憲法所賦予之其他職權。」但司法、考試兩院院長、副院長，非其選任，亦操罷免之權，即國民大會為唯一政權機關，立、監兩院視同所屬機關，即立、監委員，均不由人民或團體，或省、市議會之選舉產生，均由國民大會逕行選舉，與　國父五權憲法之精神，大相逕庭。

㈡總統：第五十六條：「行政院長設院長，副院長各一人，政務委員若干人，由總統任命之」。第五十八條：「行政院各部部長，各委員會委員長，由總統於政務委員中任命之。」第五十九條：「行政院院長、副院長、政務委員、各部部長、各委員會委員長，各對總統負其責任」。是行政院長由國會選舉，由總統任命，對總統負責，另經立法院同意，亦不對立法院負責，行政院副院長，各都會首長，亦由總統直接任命，各對總統負責，而無連帶負責。因而，總統之職權極為龐大，但實際仍操於國會之手。

就五五憲草之精神言之，憲政為還政於民，國會係代表全民，掌國家政權，監督及控制治權，乃民主政治根本之圖，其對行政院正副院長，政務委員，各部部長、各委員會委員長，及司法、考試兩院正副院長而不予選舉者，旨在俾予總統充分行使治權之能，除行政院正副院長外，均操罷免之權者，旨在行使國會政權之能，故學者多推崇。五五憲草公布後，政府於同年召集國民大會以該憲草為基礎，制定憲法，因各省（市）國大代表未能及時選出，翌（廿六）年即值抗戰發生，國會未能召集，制憲亦因而中止，以國民參政會代表國會，雖迭次建議中央召集國民代表大會，均以軍事倥偬未果，政府運作，仍本約法行事，直至民卅四年九月，抗戰勝利，國土重光，而內亂熾起，政府再極端容忍下，於卅五年一月十日，召開政治協商會議於重慶，集各黨派代表於一堂，惟意見紛紜，對於立法院對行政院長任命，監察院對司法，考試院長任命之同意權，歷經協商，制成五五憲草修正案，同年十一月召開國民大會於南京，討論憲草，同年十二月廿五日完成三讀，中國憲法，於焉告成，國民政府於卅六年一月一日公告，同年十二月廿五日施行，訓政時期，亦同時結束，步入憲政時期，監察職權，依憲法之規定行使。

就監察職權論，依中華民國憲法草案第九十條規定，監察院為國家最高監察機關，行使同意、彈劾、糾舉及審計權。胡（適）案修正為：監察院為中央政府行使監察權之最高機關，掌理彈劾、糾舉及審計。而五五憲草第八七條規定，監察院為中央政府行使監察權之最高機關，掌理彈劾、懲戒、審計，對國民大會負其責任。說明之胡案修正本條，將監察院之地位，由「國家最高監察機關」改為「中央政府行使監察權之最高機關」。並將「行使」改為「掌理」，復刪去「同意」及「權」字。又五五憲草第八七條對監察院之地位規定，與本條不同，但與胡案之修正文同。關於職掌方面，現行憲法將「懲戒」刪去，而增訂「同意」及「糾舉」權。此外，五五憲草規定監察院對國民大會負責，現行憲法亦無此規定。至監察委員任期一項，憲法草案第九三條規定，監案委員之任期為六年，連選得連任。五五憲草第九一條規定，監察委員任期三年，連選得連任。說明：胡案將本條併入第九一條內修正，規定「監察委員任期六年，每二年改選三分之一，連選得連任。」

第三章　現行憲法之監察制度

我現行憲法能以五五憲草為基礎制定，但因受政治協商會議各黨派意見之影響，不無遷就環境之處，兼以為時達卅年之久，又處於非常時期，頗多不合潮流與事實需要。且其屬於剛性憲法，修憲不易，雖迭經大法官會議就有關條款予以解釋，究不無牽強之處，為憲法學者所詬病，著者雖亦有同感，惟就民國開元以來，我政體歷經臨時約法、新約法、天壇憲草、五五憲草、軍政而訓政時期，前後歷卅六年，始行誕生，雖未盡如人意，而民主政體終於確立，五院各自獨立行使憲法所賦予之職權，並確立制度。茲將監察制度分述於左：

第一節　監察院之組織

監察院為我中央政府五院之一，依憲法及監察院組織法規定，監察院設監察委員，由各省（市）議會、蒙古、西藏地方議會，及華府團體選舉之，其名額為每省五人，（內婦女保障名額一人）每直轄市二人，蒙古各盟旗八人，西藏八人僑居國外之國民八人組成之。監察委員不得兼任其他公職或執行業務。設院長、副院長各一人，由監察委員互選之，主持院務，設審計部置審計長一人，由總統提名，經立法院之同意任命之，置秘書長一人，參事、祕書、調查專員，專門委員，科長、室主任，及其他職員分掌各項業務，設監察院會議，分設各種委員會，及祕書處、會計處、統計室，人事室等幕僚單位，得視事實需要，分別設置監察委員行署，置監察使，以委員兼任之，為監察院之組織體制。本組織機構，歷經陳履安、錢復、王作榮及現任王建煊等院長為因應局勢需要，迭有組織革新，以篇幅繁長，故從略。

第一項　監察委員之資格

監察院監察委員選任之資格，依監察院組織法第三條之一規定：監察院監察委員須年滿三十五歲，並具有左列資格之一：一、曾任中央民意代表一任以上或省（市）議員二任以上，聲譽卓著者。二、任簡任司法官十年以上，並曾任高等法院、高等法院檢察署以上司法機關司法官，成績優異者。三、曾任簡任職公務員十年以上，成績優異者。

四、曾任大學教授十年以上，聲譽卓著者。五、國內專門職業及技術人員高等考試及格，執行業務十五年以上，聲譽卓著者。六、清廉正直，富有政治經驗或主持新聞文化事業，聲譽卓著者。前項所稱之服務或執業年限，均計算至次屆監察委員就職前一日止。

第二項　監察委員產生之遞變

監察委員之產生方式，首為間接選舉，總統任命之；繼改總統提名，國民大會同意或立法院同意任命之。為因應國家統一之需要，依照憲法第二十七條第一項第三款及第一百七十四條第一款之規定，增修憲法條文有關監察院部分列舉於左：

一、自中國大陸失守為中共奪取，於一九四九年（即三十八年）另立新憲法組織中華人民共和國，大陸變色，茲不贅述。而中華民國政府轉遷台灣，蔣主席中正復總統職，僅守駐金、馬、臺、澎地區，致一個中國遞變為兩個政府，形成海峽兩岸政權對峙。中華民國政府鑒於轄區縮小，龐大立法院、監察院兩國會立、監委老化，迫於現實，當局痛下決心，毅然停止憲法部分條文，增修臨時條款，改選國會，精簡委員名額。

二、八十年五月一日總統(80)華總(一)義字第二一二四號令制定公布第一條至第十條，其中第三條規定：監察院監察委員由省、市議會依左列規定選舉之，不受憲法第九十一條之限制。㈠自由地區台灣省二十五人。㈡自由地區每直轄市各十人。㈢僑居國外國民二人。㈣全國不分區五人。㈤前述一、二、四款之當選名額在五人以上十人以下者應有保障婦女名額一人，且每滿十人應增婦女名額一人。㈥另省議員當選監察委員者以二人為限，市議員則各以一人為限。

三、又八十一年八月二十六日總統⑻華總㈠義字第二六五六號令制定公布第十一條至第十八條，其中第十五條規定：監察院監察委員二十九人，須超出黨派以外，依據法律獨立行使職權。並以其中一人為院長，一人為副院長，任期六年，由總統提名，經國民大會同意任命之，憲法第九十一條至第九十三條，增修條文第三條，及第四條、第五條第三項有關監察委員之規定，停止適用。其他各項規定不予敘述。

四、至八十九年四月二十五日總統華總㈠義字第八九〇〇一〇八三五〇號令修正公布十一條，其中第七條第二項規定，監察院設置監察委員由經「國民大會」更改為經「立法院」同意任命之，其餘均未變更，特此敘明。亦即監察院之監察委員產生之現今制度。此一制度有關人士以為欠缺民意基礎，對特任之高官不夠拘束力。

第二節　監察委員之保障

監察委員之保障有二：其一、為「監察委員在院內所為之言論及表決，對外不負責任」。其二、為「監察委員除現行犯外，非經監察院許可，不得逮捕或拘禁」。即憲法賦予監察委員之特權，蓋不如此，即不足以使監察委員盡其職責。就政風言之，各級政府，貪污瀆職，屢見不鮮，官僚習氣，亦未根絕，而作威作福，濫用權勢者，更時有所聞，監察委員職司糾彈不法，整肅官邪，易招豪門權貴之怨，難免不肖官吏藉詞犯罪，加以逮捕，迫使不能執行職務，甚至因喪失自由而無法執行職務，為期監察委員均能毫無顧忌的充分行使職權，發揮監察高度功能，故賦予言責保障，身體保障之特別權利，但其保障，亦有限制，並非漫無範圍。就言責言：須以「在院內所為之言論及表決」，始可對外不負責任、「在院內所為之言論」含意，憲法學者多主張應以該言論行為，與執行職務有無關係而定，如其言論與執行職務毫不相關，涉及他人隱私或教唆他人犯罪者，則不受言責之保障，蓋監察院亦執行公務之機關，自以院內公務之言論為限。反之，其執行職務在院外所為之言論，亦可受言論免責權之保障，如監察委員調查案件，或巡查各機關時之言論是，故予申論之。關於身體之保障：如係現行犯，則與一般人民相同，均得逮捕之，監察院亦無可置言，一般犯行，則須得監察院之同意，其同意權為院會而非院長，取決於院會多數人而非少數人，同意與否？以有無受構陷之情形為斷，一律為同意不可，因監察院為明辨是非機關，須以是非為前提，不然，即不足以服眾，憲法雖未明文規定，在法理學上，應作如是觀。

第三節 同意權

同意權為行憲後所產生之議會職權，我國民政府自民十四年八月監察院成立，至現行憲法實施之前為止，歷次修正國民政府組織法或監察院組織法，監察均無同意權之規定，民卅五年一月政治協商會議中，通過憲草，其中第三項規定監察院為國家最高監察機關，其職權為行使同意、彈劾、及監察權。第四項規定，司法院設大法官，由總統提名，於監察院同意任命之。第五項規定，考試院為委員制，考試委員由總統提名，經監察院同意任命之。現行憲法本此原則修正，而於憲法第七十九條規定：「司法院設院長，副院長各一人，由總統提名，經監察院同意任命之。設大法官若干人，由總統提名，經監察院同意任命之」。第八十四條規定：「考試院設院長、副院長各一人，考試委員若干人，由總統提名，經監察院同意任命之」。與原憲草所定相合，監察院為慎重同意權之行使，制定「監察院同意權行使辦法」。其行使要點為：㈠限於憲法第七十九條，第八十四條之司法院院長、副院長、大法官，及考試院院長、副院長、考試委員。㈡以總統對前開人員之提名為前提，並咨請同意時行之。㈢同意案之通過，須獲出席委員過半數之可決。總統提名之大法官及考試委員；須受法定名額（大法官十七人，考試委員十九人）及資格（司法院組織法第四條、考試院組織法第四條）之限制，但大法官之提名，同款資格者，不得超過其總名額三分之一，以期各款資格人員均衡，監察院接到總統提名咨文後，定期舉行全院委員審查會，互推一人為主席，就提名人選所具備之條件是否與應具備之法定要件相符？必要時得邀請被提名人來院備詢，審查完畢後，即向監院會議進行投票，須有全體委員三分之一以上之出席，出席過半數之同意決定之，由監察院以書面咨達總統，其有不同意者，應請另行提名，審查委員會及院會，應就被提名人，個別審查，個別投票，投票及開票監察員，由監察委員擔任之，經同意並任命而有離職者、繼任人員，亦依前述程序辦理。

第四節　彈劾權

彈劾權行使之對象為人，限服公職之人，包括總統、副總統及中央文武公職人員、與地方公職人員。國（公）營事業機構服務人員均屬之。凡在總統府及其直屬機關，行政院及其直屬機關，立法院、司法院及其所屬機關，考試院及其所屬機關、監察院及其所屬機關，國民大會祕書處及各級議會、國立各院校、國家安全會議，國（公）營事業機構之公職人員，其因違法失職，監察委員均得向監察院會提案彈劾，惟不得對立法委員、監察委員、國民大會代表、省（市）及縣（市）議會之議員為之，（分見於憲法第九十七條、第九十八條、第九十九條、大法官會議釋字第十四號解釋。）就彈劾之程序言之：⑴提案：⑵審查及決定，⑶移送，⑷公布。但因彈劾之對象不同，各階段之程序亦異，大致可分為兩種：一是彈劾一般公務人員程序，二是彈劾總統、副總統程序。茲就四階段之程序分述之。

㈠提案：彈劾之提起：以書面為之，並應詳敘事實，而其事實須有所據，不得任意為之。可資依據者：⑴為人民書狀陳訴：依人民書狀之陳述事由進行調查，認被揭發之公務員有違法失職者提起之。⑵本於決議案：依據院會或專案小組之決議，如受糾正之機關，未遵糾正改善其缺失，又不作覆，經質問亦不置理者提起之。⑶自行調查：監察委員發現中央或地機關公務員有違法失職之情形，得行使調查權（須向院會報備），經調查屬實者提起之。⑷各機關行政長官，認所屬之公務員有違法失職情事，備文聲敘理由並檢附證據，送於監察院分由輪值委員批辦者提起之。⑸審計部呈控：審計人員發覺各機關人員，有不忠於財務上之不法行為，除由審計機關通知各該機關長官處分外，並得報請監察院交由輪值委員批辦者提起之。⑹報章刊載：監察委員根據報章雜誌所載，認為公務人員有違法失職情事，經予調查屬實者提起之。⑺由糾舉案改提：被舉人員之主管或其上級長官，對於糾舉案，不依規定處理，或處理不當者提起之。故彈劾案之提出，必須有其來源與違法失職之事實，始可為之。

㈡審查及決定：彈劾案提出後，依監察法之規定，應交付審查，其審查委員須九人以上，組成審查委員會為之，委員人選，依籤定席次輪流擔任，以出席委員輪序最前者為主席，該項審查委員會係臨時組成，於核一事件審查完畢後，即告解散，審查委員會，由祕書處定期通知，為期保密防止干擾，通知書不敘案由、開會時、其法定人數須九人以上，並先將彈劾案文印發與到會委員、⑴由主席宣讀案文。⑵請列席之提案委員說明事由後退席、認無說明之必要時，得不通知列席。⑶指定專門人員列席，陳述法律觀點，必要時，得先交熟諳法律之參事或專門委員簽註法律上之意見。⑷用無記名投票法決定審查結果，不足法定人數時，不得投票表決，被彈劾人員為二人以者，應分別投票表決之，得出席人數過半（五人以上）之可決時為通過彈劾。⑸表決後，由主席宣讀決定者，將表決案當場簽字密封附卷。⑹依彈劾案審查決定書載明：提案委員。被彈劾人姓名及職稱。應否成立及其理由，移送機關。審查委員於決定書上簽署。審查決定後五日內，通知原提案委員，對不予成立之彈劾案有異議時，得於十日內提出之，由祕書處通知其他委員舉行再審查會，予以再審查。

㈢移送：彈劾案經審查成立後，即移送有關機關：⑴為懲戒機關。⑵為法院。⑶為急速救濟處分之主管長官。被彈劾人為中央或地方公職人員，移送公務員懲戒委員會，被彈劾人為軍官，移送國防部。所稱法院者，指檢察官；稱主管長官者，在中央則指院、部、會首長，在地方則指省，院轄市之主席及市長，即身分之長官，而非職務上之長官，即彈劾案一經成立，不問移送公務員懲戒委員會，或法院，或主管長官，均應依法懲戒或處分。

㈣公布：彈劾案在審查程序中，不得對外宣洩，於移送懲戒時，得公布之（監察法第十三條第二項）。依公布之文義以觀，得予公布，也得不予公布。憲法學者，頗多見仁見智，有謂不得公布者，認為彈劾案之公布，洩露國家機密，導致國家之不利，並影響國家之聲譽，彈劾大員，很可能影響政府之安定，則其功能喪失，國家與人民所受實害將更大。有謂應予公布者，認為彈劾案之公布，監察委員向原選舉區之議會有所交代，表示其盡職盡責。彈劾案之審理結束，懲戒機關，甚多以申誡了之，違失之公務員，毫無畏懼，公諸報端，則可收輿論制裁之效。對政務官之懲戒，以申誡為限，受懲戒之政務官，甚少本於政治家風度掛冠，厚顏戀棧，監察院對其則無可奈何，監察機關行使職權，須要輿論支持，方足以收制裁之效。監察院將糾彈案件是否公布問題，提經第四百四十次院會決議：「糾彈案成立後，除涉及國防與外交機密事件外，其餘一律公布，如不公布，應說明其理由」。又第四百九十二次院會又決議：「如經提案委員提請公布，應一律予以公布」。其公布方法，依監察法施行細則規定為：在監察院公告牌公布，刊登監察院公報，發布新聞，並得在報紙上公告之。

彈劾案提出後，不得撤回，成立與否，須由審查委員會決定之，以示慎重，並依監察法規定，⑴彈劾案之審查，應由全體監察委員按序輪流擔任之。⑵彈劾案經審查認為不成立，而提案委員有異議時，應即將彈劾案另付其他委員九人以上審查，為最後之決定。⑶彈劾案之審查委員，與該案有關係者，應行迴避。⑷監察院院長對於該彈劾案不得指使或干涉。⑸監察院人員，對於彈劾案在未經移付懲戒機關前，不對外宣洩。⑹監察院於彈劾案移付懲戒機關時，得公布之。足見監察院行使監察之彈劾權，公正與審慎之態度。

監察院對於總統、副總統之彈劾，須有全體委員四分之一以上之提議，全體委員過半數之審查及決議，其彈劾案始為成立，與中央及地方機關公務人員之彈劾在程序上有所不同，而懲戒機關亦異，總統之懲戒機關為國民大會，中央及地方機關公務人員之懲戒機關為公務員懲戒委員會，軍職人員之懲戒機關為國防部，與訓政時期，政務官屬於國民政府懲戒委員會，全國荐任職以上及中央政府委職公務員，屬於司法院公務員懲戒委員會，地方攻府委任職公務員，屬於地方公務員懲戒委員會，軍職人員，屬於軍事長官懲戒委員會等制度，大有變更，即懲戒機關已合併為二，一是國民大會，專受理總統、副總統之懲戒案，二是公務員懲戒委員會，凡中央及地方各職等、官等、軍人、公營事業人員，均由公務員懲戒委員會執行之，除政務官以撤職及申誡懲戒為限外，其餘軍公人員，則依其情節輕重，得為撤職、休職、降級、減俸、記過、申誡等懲戒處分，各主管長官依懲戒法之規定執行之，公務員懲戒委員會發見被移付懲戒之公務員，有續犯刑章時，則移由刑事法院偵辦之，在未受有罪或無罪判決前，本於刑先懲後原則，停止懲戒程序，常以牽延數年不決，於彈劾與懲戒之不能及時所生影響極大，學者多有刑懲併行之主張，藉收時效。

第五節　糾舉權

糾舉權雖為監察權之一，實為彈劾權所演變，亦即簡化彈劾權之程序而已，由於在訓政時期中，抗戰爆發，監察職權如依約法之規定行使，難於適應非常時期之需要，迅速達成監察之目的，乃設此糾舉一權，蓋彈劾案經監察委員或監察使提出後，依程序須付審查，為成立與否之決定，即或成立移付懲戒，須經被彈人之申辯與懲戒機關之復查，如涉及刑事，尚待刑事部分之審結，始得議決，本於刑先懲後之義也，常歷數年不決，影響戰時行政運作，由國民政府於民廿六年十二月制定「非常時期監察權行使暫行辦法」，民廿七年八月修正公布施行，明定糾舉權，其與彈劾權不同之點，凡監察委員或監察使對於公務人員違法失職行為，認為應迅予去職，或其他急速處分者得以書面糾舉之，糾舉書一經監察院長審核後，即可逕向被糾舉之公務員主管長官或其上級長官提出，為必要之處分，省去彈劾案之許多繁複程序，如被糾舉人之該主管長官或其上級長官不於一個月內為處分又不向監察院作復，得不經一般彈劾審查程序，改作彈劾案移付懲戒機關，各該主管長官或其上級長官，於被彈劾人受懲戒處分時，應同負懲戒責任，因訓政時期中此一制度行之甚收宏效，故納入憲法而為糾舉權。由此可知糾舉權，係向違法失職之公務員，認有速予去職或其他急速處分者為要件，而其移送之處分機關，為被糾舉之公務員該主管長官或其上級長官，當前各級政府機關發見其所屬公務員違法失職，情節重大者，多以先予記大過二次辦理專案考績免職，如涉及刑事，再移付法院審判，即係本於監察院糾舉權之精神，予監察院之助益極大，惜未普遍施行。

第六節　糾正權

糾正權，未列為同意、彈劾、糾舉、審計等權之一，為依憲法有九十七條第一項之規定而行使，其對行政機關，無絕對拘束力，故為效不大，按憲法第九十七條第一項：「監察院各該委員會之審查及決議，得提出糾正案，移送行政院及其有關部會，促其注意改善」。又監察法第廿四條：「監察院於其調查行政院及其所屬機關之工作及設施後，經各有關委員會之審查及決議，得由監察院提出糾正案，移送行政院或有關部會，促其注意改善」。即憲法與監察法均稱之曰糾正案提出，而非「監察權」之行使，在訓政時期，依「非常時期監察權行使暫行辦法」之規定，各監察委員或監察使，因巡查所得，對各機關公務員應辦事項，奉行不力或失當者，得以書面提出意見或建議，呈經監察院院長審閱後，送交各該主管機關或其上級長官為適當之處置，此種建議或意見，原為提供主管官或其上級長官之參考，使其自行改善。所謂糾正，亦即當初之建議已耳。由是以觀，可以肯定者：一是對事，二是對機關，三是限於行政院及其所屬部會。司法、考試兩院則不屬之。關於行政院政策失當，是否在監察院糾正範圍？頗值商榷。就法理言之，不在監察權糾正之列，蓋政策問題、為行政院對立法院負責，立法院儘可藉立法、預算、質詢等權予以監督或控制、監察權行使之對象為「違法與失職」，而不及於政策也。再就糾正案之效力言之，憲法與監察法，均以促其改善為度，即受糾正機關，改正與不改正，最多，監察機關只可質問，亦不得據以糾舉或彈劾，縱有答覆，亦不過對其錯誤或不當，加以解釋或辯護，徒勞無功，憲法之不明定為糾正權者，良非無因？

第七節　調查權

調查，為達成行使監察權之一種必要行為，因監察權而存在，稱之為調查權亦無不可，依憲法第九十五條：「監察院為行使監察權，得向行政院及其各部會調閱其所發布之命令及各種有關文件」；第九十六條：「監察院得按行政院及其各部會之工作，分設若干委員會，調查一切設施，注意其是否違法失職」。第九十九條：「監察院對於司法院或考試院人員失職或違法之彈劾，適用本憲法第九十五條、第九十七條、第九十八條之規定」。而監察法及其施行細則，皆據以設有調查專章，作進一步之詳細規定。在憲法或監察法中雖無「調查權」一詞，但一般均稱之為監察院調查權，吾人所應注意者，憲法中所稱之權，為直接或間接對各級政府機關或人員或事發生一定結果屬之，而調查，僅係瞭解某一事件或人是否違失之必經過程而已。故調查之本身不能發生處分作用，必須因彈劾、糾舉、糾正案之成立始可對人或事發生處分效力，因附於監察權之行使，故亦曰調查權。茲就其權責分論之：

㈠具有強制性：依監察法第廿六條：「監察院為行使監察權，得由監察委員持監察證，或派員持調查證，赴各機關、部隊、公私團體、調查檔案、冊籍，及其他有關文件、各該機關、部隊、或團體主管人員，及其他關係人員，不得拒絕，遇有詢問時，應為詳實之答覆」。第廿七條：「調查人員，必要時得封存或攜去受調查機關之有關文件，除有妨害國家利益者外，該主管長官不得拒絕」。第廿八條：「調查人員於調查證據，遭遇抵抗，或為保全證據時，得通知憲警當面協助，作必要之措施」。第廿九條：「調查人員在調查案件時，如認為案情重大，或被調查人有逃亡之虞者，得通知憲警當局協助，予以適當之防範」。就上列法條觀之，監察院監察委員或指派人員行使調查權，具有高度強制作用。

㈡具有政治性與司法性：監察委員或監察使，行使彈劾與糾舉權，旨在澄清吏治，整肅官邪，防止政治腐化，不但可以揭發政府機關之弱點，促其改善，進而足以對官吏發生警惕作用，使頑夫廉而懦夫立，更促進人民對政府之向心力，為了解公務員違法失職之實情，不問其為政府機關，或部隊，或公私團體，或公營事業，亦不問其官位之尊卑，均得予以調查，不受任何干擾，並得封存各機關有關違失卷證，或逕予攜走，以及對違失公務員加以詢問，各該機關主管長官或被詢人員不得拒絕，即此一調查權，具有政治性與司法性之雙重意義。

㈢監察院之調查權行使與司法機關調查權之行使區分：司法機關之調查權行使，在維護國家或人民之公私權益，調查有關侵害各該權益有關之物證或人證，作裁判上之論據，其調查之對象為犯罪或侵權之人民，以民刑訴訟或特種訴訟為其範圍。監察院調查權之行使，則以公權力侵害私權益之行為為要件，而侵害者須為人民，加害者須為公務員，因公務員本於職務上之行為，無論其為故意或過失，亦不問其係積極的應作為而不作為，或消極的不應作為而作為，凡其結果足以生損害於公眾或人民者，均屬違法或失職，即應接受監察院之調查與糾彈。故法院所調查者為私權力之不法，監察院所調查者為公權力之不法，二者間並無牽連關係，各行其道，亦不可能發生衝突情形。又司法案件，在未終結前（再審不計），監察院向不受理，以維護司法審判獨立，故監院調查之事件，與司法機關調查之事件，各有不同，特予說明之。

第八節　監試權

監察院為國家最高監察機關，考試院所舉行之高、普、及各種特考，憲法雖無明文規定。理應列入監察院之監督。依據監察法第一條規定，舉行考試時，除檢覈外，依本法之規定，由考試院或考選機關，分請監察院或監察委員行署，派員監試。凡組織典試委員會辦理之考試，應咨請監察院派監察委員監試。又第二條規定，典試委員長應造具典試委員會人員名冊送交監試人員。又第三條規定，左列事項，應於監試人員監試中為之：一、試卷之彌封。二、彌封姓名冊之固封保管。三、試題之繕印、封存及分發。四、試卷之典封。五、彌封姓名冊之開折及對號。六、應考人員考試成績之審查。七、及格人員之榜示及公布。又第四條之規定，監試時如發現有潛通關節、改換試卷或其他舞弊情事者，應由監試人員報請監察院依法處理之。第五條規定，考試事竣，監試人員應將考試經過情形，呈報監察機關備查。

第九節　巡迴監察

監察院（以下簡稱本院）為依監察法第三條規定，實施監察委員巡迴監察。其任務如下：一、關於各機關施政計畫及預算之執行情形。二、關於重要的政令推行情形。三、關於公務員有無違法失職情形。四、關於糾正案之執行情形。五、關於民眾生活及社會情況。六、關於人民陳情案件之處理及其他有關事項。繼第三條規定，監察委員巡察各機關，應注意預算執行、財務審核及公務人員有無違法或失職，巡察行政院所屬機關時，並應調查其工作及設施。又第八條規定，本院委員巡察中央機關由各委員會辦理，地方機關按省（市）縣（市）行政區劃分巡察責任區分組辦理。又第五條規定，本院如委員得視需要，推派委員巡察與其業務有關之中央機關。但巡察行政院於每年十二月，由各委員會召集人共同為之，以內政委員會為主辦單位。倘駐外機關之巡察，併入委員國外考察計畫辦理。巡察中如發現違法或失職時，依監察法規定辦理之。有關其他細節，茲不贅述。

第十節　公職人員財產之監管

政府為端正政風，確立公職人員清廉之作為。建立公職人員利害關係之規範，於八十二年七月二日總統(82)華總(一)義字第三一三七號令公布：「公職人員財產申報法。」予以監督列管。該法第二條規定，有左列公職人員，應依本法申報財產：一、總統、副總統。二、行政、立法、司法、考試、監察各院院長、副院長。三、政務官。四、有給職之總統府資政、國策顧問及戰略顧問。五、簡任第十職等或相當職等以上各級政府機關首長；公營事業機構相當簡任第十職等以上首長及一級主管。六、公立各級學校校長。七、少將以上編階之軍事單位首長。八、依法選舉產生之鄉（鎮、市）級以上政府機關首長。九、縣（市）級以上各級民意機關民意代表。十、法官、檢察官。十一、警政、司法調查、稅務、關務、地政、主計、營造、都計、證管、採購之縣（市）級以上政府主管人員及其他職務性質特殊經主管院會同考試院核定有申報財產必要之人員。另縣（市）級以上公職候選人準用本法之規定。應於選舉登記時申報。又第三條規定，公職人員之財產除應於就（到）職三個月內申報外，並應每年定期申報一次。又第五條規定，公職人員應申報之財產如下：一、不動產、船舶、汽車及航空器。二、一定金額以上之存款、外幣、有價證券及其他具有相當價值之財產。三、一定金額以上之債權、債務及對各種事業之投資。另公職人員之配偶及未成年子女所有之前項財產、應一併申報。其餘規定，請參閱該法，茲不贅述。

第十一節　審計權

審計權為監察權間接之行使，執行者為審計長而非監察委員或監察使，觀諸憲法第九十條：「監察院為國家最高監察機關，行使……審計權」。第一百零四條：「監察院設審計長，由總統提名，經立法院同意任命之」。即為顯明，惟行憲後之審計權，其組織雖較訓政時期為嚴密，但運用之漠落則有遜之。蓋訓政時期之審計設部，部長由監察院院長提議國民政府任命之，由監察院長指揮並監督之，現今審計部改置審計長，由總統提名，經立法院同意任命之，及兼受立法院之監督而行使職權，其執行之審計範圍，與訓政時期亦屬相若，僅組織體制有加強而已，就現行之組織言之，設審計長一人（任期六年）。以副審計長一人協助之，設審計十至十二人，協審廿一人至廿四人，稽察十八人至廿二人，分執行審計，稽察職務，設三廳，依序第一廳掌事前審計事務。第二廳掌事後審計事務。第三廳掌稽察事務。各廳置廳長一人，由審計長就審計中指定一人兼任之。廳以下均設三科，各設科長一人，由審計長指定協審或稽察兼任之。每科設核計六人至十人。設參事二人，當理有關審計法案之審核。秘書五人，分掌複核文稿及審計長交辦事項。專員八人，辦理專門業務。設總務處，會計室，統計室，人事室，各置處長，室主任一人，屬員各若干人，承辦有關事務，此為現行審計部之組織形態。

審計部之職掌，依審計法第二條為：「⑴監督預算之執行。⑵核定收支命令。⑶審核財務收支、審定決算。⑷稽查財物及財政上之不法或不忠於職務之行為。⑸考核財務效能。⑹核定財務責任。⑺其他依法律應行辦理之審計事項」。凡中央所屬各政府機關、各省及院轄市政府，特種公務機關，公有營業機關，公有事業機關，均由審計部直接執行法定審計工作，或視需要情形分設處（室）辦理之。即上自中央，下及省屬縣（市）機關均在審計之間，在組織及網線上，至為嚴密，審計人員執行審計，稽察等工作，各機關均不得拒絕，於審計法第十三條規定：「審計機關為行使職權，得派員持審計部稽察證，向有關之公私團體或個人查詢，或調閱簿籍、憑證，或其他文件，各該負責人不得隱匿或拒絕，遇有疑問時，並應為詳實之答覆，行使前項職權，遇有必要時，得知照司法或警察機關協助」。其受保障與監察委員同，在執行上擁有充分權力，與監察委員或監察調查案件之權力無異，如發現各級政府機關有違反審計法第二條各款情事之一者，得由審計長得敘明事由連同證據送請監察院審查，資為違失人員之糾彈依據，等於行使監察權。就法令觀點言，使審計部行使審計權，有其獨立性。再就憲法第一百零五條：「審計長於行政院提出決算後三個月內，依法完成其審核，並提出審核報告於立法院」觀之，是其在組織體制上，隸屬於監察院，在實際上為對立法院負責，即監察院僅於名義上為其主管機關，具有形式而無實質。

審計部採會議制，其會議以審計長、副審計長，審計組成之，會議時以審計長為主席，審計長有事故時，由副審計長代理，其審議之重要事務，依審計會議規則之規定，為「⑴關於審計複審事項。⑵關於審計疑難事項。⑶關於審計方針劃一事項。⑷關於創造、變更、廢止、審計事項。⑸關於審計上調查、統計、設計事項。⑹關於各處、室，呈送複審案件事項。⑺關於審計長，副審計長交辦事項」。由此可見，審計部為採會議制度，凡重要事務，均提由會議決定，在現行審計執行上，有各種不同技術之方式，然亦殊途同歸。茲就其重要部分分述之：

㈠事前審計：審核各機關之施政或事業計劃及分配預算，凡各機關依核定之施政、營業、或事業計劃、分配預算、均須送審，如發現與法定預算或有關法令不符者，應予糾正之，如有復文者應另編送（審計法第卅條）。核簽財政機關撥發各項經費支付書，有無未經審計機關核簽，而公庫有支付或活帳情事（審計法第卅一條）。駐審人員，核簽駐在機關之會計憑證及有關證件（審計法第卅二條），惟此規定，與各機關現有之主計或會計業務相重複，審計部多未實施。

㈡事後審計：審核各機關所編送會計報告及收支憑證，依審計法第卅五條、第卅六條、第卅八條、第四十六條、第四十七條各規定辦理之。審核各機關年度決算及各級政府年度總決算，依審計法第四十二條、第廿九條之規定辦理之。審核各級公庫之收支報告，經理公債、財物，或特種基金之會計報告，依審計法第四十四條之規定辦理之。如發現有違反法定程序者應通知其改正，其有不忠於財務者，由審計部報請監察院處理之。

㈢稽察：稽察各機關一切收支之現金、票據、證券、財物、依審計法第四十八條之規定辦理之。監察各機關營繕工程、購置、定製，或變賣各種財物之開標、比價、決標、驗收，依審計法第五十一條、第五十三條各規定辦理之。派員參加各機關財務組織，依審計法第五十四條之規定辦理之。調查各機關有關財務行政事項，依審計法第五十五條之規定辦理之。

由上所述，審計權，在憲法第九十條雖列為四大監察權之一，而行使者，並非監察委員或監察使，係由另設之審計長執行，在學理上不無研究餘地，蓋監察權屬於國會政權之一，執行者須為國會議員，國會議員則須由人民或人民團體，直接或間接選舉所產生，審計長為總統提名，經立法院同意後所任命，並非由人民直接或間接所選舉，非屬國會議員，以之而代執行監察院之審計權，是否適當？頗值商榷，再就現行實際情形言之，審計部對於中央政府機關預算，為事前審前，對於決算，為事後審核，均係呈報行政院，僅發現各機關有重大過失事件時，始呈報監察院處理，足見審計長直接對行政院負責，對監察院為代執行審計權而已，如立、監兩院對政府機關預決算意見相左時，則審計長於兩者之間何以處之？亦屬問題也。

第十二節　監察院與審計部權責之劃分

審計部在體制上隸屬於監察院，獨立行使審計權，負責全國各機關之預算、財務、財產及……等審計查核。見監察院組織法第四條明定。但審計長則依憲法第一〇四條規定，監察院設審計長，由總統提名，經立法院同意任命之。是以審計長又受立法院之節制。

監察院與審計部權責劃分原則如下：一、審計廳處長、室主任等一級主管以上人員暨所屬機關簡任第十職以上首長之任免、遷調、退撫、資遣等暨其他依法令規定應報請監察院核定之事項，應報經監察院核定。二、審計部年度預（概）算、決算及預算執行情形之有關表報，應按期編送監察院。三、審計部年度施政（工作）計畫及報告，應按時報送監察院。四、審計法規除法律案應報院核轉外，有左列情形之一者，亦應報監察院訂定發布或由監察院核定後方能發布：㈠、依法律規定應由院訂定發布者。㈡、依法律規定應報院核定後方能發布者。㈢、依權責劃分應報院核定後方能發布者：1.機關人事規章。2.機關組織規程或設置辦法。3.法律之施行細則。4.法規內容涉及權責劃分中明定應報院核定之政策者。5.法規內容涉及重要政策者。所謂重要政策由院部協商認定。五、監察委員對審計部及其所屬機關，或審計人員，尚無行政監督權，但特定事務之處理經監察院院長授權（指派）者，於授權範圍內，不在此限。六、監察委員調查案件需審計人員專案協助時，報經院長同意。即由監察院秘書處通知審計部指定人員，以院令派之。七、監察委員調查案件如臨時需要審計專業人員協助時，得逕洽審計長或當地審計主管指派人員協助。八、監察委員不得影響審計人員獨立行使審計權。九、監察委員不論是否行使職權，如有干涉審計權行使之情事，審計人員應陳請審計長。轉報院長處理。十、監察委員對審計業務，如有提供參考或改進之意見。應陳請院長核定或提請院會討論通過後以院函為之。十一、審計部審計人員執行審計業務時，發現有依審計法規定應報請監察院處理之案件，應即依法規定應報請監察院處理之案件，應即依規定辦理。十二、審計部有關審計會議紀錄，應按期密報監察院，年度業務檢討會議並應報院派員列席。十三、審計人員參加各機關有關財務會議，對於違背審計法令之決議事項。應依法表示異議，如未獲採納，應即報院。十四、各級審計機關應就發現之財務重大案件，隨時提供巡察組監察委員參辦。以上院部之權責劃分原於八十二年六月十七日為本院(82)院台參案第一八一八號公告施行在案。

第四章　中外監察制度之比較

中國監察制度，淵源於周，始於秦、盛於漢，唐代均沿其制，權在君主時期，須聽命於君主，其盛衰隨君主之好惡而定。蓋執行監察工作之御史官，大多為君主就貴族指定，其間雖每有保荐制度，惟無保障，有監察制度，而積效始終未彰，遜清末葉，曾仿西方國家議會制，為時已晚，終致覆亡，民國肇始，而於臨時約法中明定以國會執掌政權，確立監察制度。旋因北京政府，屬袁、蔡、徐，曹，段等執掌國政，議會制度亦由臨時約法而新約法，而天壇憲草，而曹錕憲法，而五五憲章，而中華民國憲法，凡經五易，惟受政治協商會議各黨派代表意見紛歧之影響，國民制憲大會據以制定憲法，與國父孫中山先生遺教尚有未盡吻合之處，但五權分立制度則已確立，在國家歷經憂患，國民政府於民十四年在南京成立後，即值北洋軍閥割據，十八年統一全國，中共起於川贛，遍地烽火，民不聊生，民廿四年中共又起於陝北，國民政府積極籌劃憲政，分為軍政、訓政、憲政三個時期，廿五年頒布五五憲章，翌年七月七日蘆溝橋事起，制憲工作，即因而停頓，及至民卅四年九月，中日戰爭結束，逾七年之久，國家元氣大傷，中共又盤據東北，再起戰場，美特使馬歇爾銜命調停，國府委曲求全，於民卅五年在政治協商會議中，節節讓步，制定現行中華民國憲法，由軍政而進入訓政時期，中共並未遵守，乃於民卅七年頒定：「動員戡亂時期臨時條款」，以濟憲法之窮，民卅六年中央政府遷居台垣，為確保國家與人民生命財產之安全，不得不頒布：「戒嚴法」，以資適應變局，雖由訓政而進入憲政時期，因時值非常，部份憲法條款，受到限制，但監察權之執行，相反的更受重視，較往昔尤為積極，與西歐憲政國家並無遜色。茲分予比較如次：

第一節　英國監察制度

英國國會為兩院制，而上議院與下議院，因其為君主立憲政體，國會不得對君主行使彈劾權，雖規定下議院握有彈劾權，其彈劾對象，僅限於國務大臣及國會議員，不及於一般官吏，認為下級官吏無特殊權勢，倘有違法行為，上級長官可以予以免職，而司法制度甚尚稱完備，法院亦可加以審判懲罰，故無須議會予以彈劾也。因之，下議院對於國務大臣及議員，不問其行為是職務上違法？抑和生活上之行為不檢，或政策上之錯誤，均可提出彈劾案，由上議院審判之。

英國為純內閣制國家，國會對君主負責，內閣對國會負責，二次世界大戰時，君主由貴族組成之樞密院及國務院之參贊機關，日漸沒落，君主成為國家象徵性領袖，不左右內閣政治，內閣可以自由權衡利弊處理國家事務，惟上議院議員仍屬王室選任，下議院則為普選產生，國家權柄操之於下議院而非上議院，故監察權亦由下議院行使。但其彈劾權之行使僅及於國務大臣與國會議員，遠不如我國監察權普及於中央與地方公務員之範圍為大，惟其對彈劾案之審判在上議院而非司法機關，即彈劾者與審判者同為國會，事權統一，我國則須送由司法機關公務員懲戒委員會行之，亦相徑庭矣。

吾人在瞭解英國監察制度之全貌，則須進一步瞭解其國會之組織形態，上議院淵源於貴族院，其成員約有四類：第一類：凡此愛爾蘭區之外，擁有公、侯、伯、子、男等爵位者屬之。第二類：為教會顯貴，天主教及教會所選之代表屬之。第三類：為愛爾蘭區所選之貴族代表屬之。第四類：為每年加封之新貴族，由內閣決定名單請英王所加封。第一與第三類為世襲，第四類為終身職，第二種則由天主教及教會以選舉決定。因第四類議員係內閣提名加封，常為內閣之支柱，因之他們不受黨紀之約束。下議院則淵源於平民院，平民院之議員則由普選所產生，而名額又多達六百餘人，為英國唯一民選機關，議長由議員推選之，但議長於當選後須脫離政黨，以示超然。英王選任首相時，常於平民院之多數黨領袖抉擇之，而貴族院之議員，常為閣員，如司法大臣兼貴族院最高法院院長是。平民院所彈劾者，又為國務大臣，在貴族院之議員為王室所選派，國務大臣乃王室近臣，審判彈劾案，極易滋生弊端。但英國政客，為著名之紳士形，甚重榮譽，每有過犯，常引咎辭職，如一九三五年西門外相對聯合英、法與義大利妥協，謀求共同防止希特勒破壞歐洲均勢，而未事先告知首相，一九六三年陸軍部長普羅佛英，因桃色案而涉及洩露國防機密，均屬重大違失，未及彈劾，皆自動去職，故彈劾權，甚少行使。英國雖公稱為國會之母，惟以貴族院為最高法院審判彈劾案，實非可取也。

第二節　美國監察制度

彈劾權濫觴於英國，美國憲法亦採此制，行使彈劾權者為眾議院，彈劾對象，為總統、副總統、聯邦文官（軍官及各邦官員除外），彈劾原因、凡叛逃、受賄、或重罪，惡行均屬之。何謂「重罪惡行」。美國憲法尚乏明文規定，頗多爭議，例如：凡行為不正，認其足以妨害國家利益，或証明其人不宜於執行公務者，國會均彈劾之，因不問其係和人違法或職務上違法也。在彈劾及審判程序上，則較英國為審慎，先由眾議院數人告發，次交委員會調查罪狀，再開審查會議，經出席議員過半數之同意，始可提案彈劾。參議院為審判機關，但有三種限制，其一、參議院審判彈劾案時，全體議員俱應宣誓，非有出席議員三分之二以上之同意，不得為有罪之宣告。其二、審判手續，被彈劾人將為辯駁，舉証，委任律師辯護，最後依表決下判。其三、參議院審判一般文官，以副總統為主席（兼眾議院議長），審判總統時，則以最高法院院長為主席。

美國參議院審判彈劾案結果，認為被彈劾人為有罪時，只受免職處分，或附帶褫奪其公權，如認其尚有餘罪，另由刑事法院依法審理判處其罪刑，即彈劾與刑事分別行之，不相牴觸，並限制總統對於聯邦文官之彈劾，不得行使特赦權，在現今總統制國家中，其監察制度亦較完善。或曰：美國陸、海、空三軍是應屬於聯邦建制？何以不在彈之列？就美國之憲章言之，總統兼三軍統帥，並設國防部長掌之，三軍不法，自有總統及國防部長為其負責人，而總統及國防部長，當然在聯邦官員之內。復因三軍為國防組織，並未歸於聯邦，與聯邦之文官迥異，或為美憲之本旨所在，不足以為美制病。再就我國監察制度言之，監察院為監察權獨立行使機關，與國民大會，立法院並列稱國會，上自總統下及中央、地方、之文武官員，甚至學校、公營事業人員，凡有違法或失職者，均為被彈劾對象，真可謂：無所不監，無所不察，較英、美之監察制度，更臻完善，實我國父首創五權分立之獨見也。

第三節　法國監察制度

法國自第三共和國成立之後，其政治組織，與英國相似，採責任內閣制，即總統權力由內閣代為行使，內閣對國會負責，其國會採上議院及下議院制！而下議院之權力，超越於上議院，下議院所提法案，送達上議院後，未於兩個月內提出相反意見，則以下議院通過之條文頒布為法律，或在一百天內對相反意見，不能獲致協議時，下議院得以自己所議決之法案而為決定，其對官員之彈劾權，亦由下議院行使之。彈劾之對象，限於總統及國務員，其犯行，總統為叛國罪，國務員為其職務上犯罪。惟彈劾之程序第三、第四，第五共和微有不同，第三第四共和屬於下議院行使，第五共和，須由兩院議決，始得提出。而審判機關，亦有差異，第三共和之審判權，由上議院依刑事訴訟程序行之，有罪判決，須經多數議員之議決。第四共和後，特設「彈劾審判院」審理之，其組織設院長一人，副院長二人，由下議院以三分之二多數選舉之，設法官及候補法官各卅人，其中各廿人，由下議院按各政黨比例分配選出之，餘額十人，由下議院就院外人士選出之，上議院則不與焉。審判結果，若被彈劾者為有罪，不但可罷免其官職及褫奪其公權，並可予以刑事之制裁，為其他國家之所未有，即下議院行使彈劾權又等於行使審判權，為法國現行監察制度之特色。

第四節　德國監察制度

德國為內閣制國家，但與英、法兩國之內閣制大有不同，因採一院制，其內閣體制，介於英、法內閣之間。蓋英、法內閣，屬於元首輔弼機關，行政權屬於元首，內閣不能以內閣名義行使職權；法國內閣，可依職權提出法案，發布命令，英、法兩國內閣，多由議員組成，英國為兩大黨對立國家，可以成立一黨內閣。法國為小黨分立國家，只可組織聯合內閣，德國亦屬小黨林立國家，均無足夠議席組成內閣，凡政黨不為國會所反對或默認，即可以組成中間內閣或超然內閣。德國之內閣，雖係由國會國務總理及國務大臣所組成，但大致方針，由國務總理決定，國務大臣則無權過問，蓋施政方針由國務總理對議會負責，各部主管事務，由國務大臣對議會負責，彼此間無連帶責任。

德國為一院制國會，議員有六百餘人，如總統、國務總理、國務大臣，因故意或過失違反憲法（威瑪憲法）或法律時，國會議員得提出彈劾案，而連署議員須在百人以上，須議員總數三分之二以上之出席，出席議員三分之二以上之同意始可提出，由國事法院為審判機關。其彈劾內容，須限於執行職務時，有違犯憲法或法律之行為，至於職務外之犯行則不屬之，國事法院原則上只可判決被彈劾者之罪狀是否成立，如果成立，亦得對被彈劾人為免職之處分。又總統除受彈劾案外，國會如因其行為有損於國家或各邦之法益時，國會議員得由十五人連署，經全體議員過半數之出席，出席議員三分之二以上之同意，提請罷免總統，提議一經成立，總統職權即告停止行使，舉行公民投票決定之。公民投票過總數二分之一贊同國會提議時，總統則應去職或予解散國會，無論完成罷免或解散國會，總統均須從新選舉，為國會常務委員會之監察委員會職權之行使，（見威瑪憲法卅五條第二項），但在希特勒之獨裁統治下，國會根本未能行使任何監察職權，直至德國敗亡。

第五節　西德監察制度

二次世界大戰結束，希特勒之納粹政權敗亡，德國及其聯邦領土，分為四區，由英、美、法、蘇四國各佔領一區，設立盟國管理委員會，以管理共同之務，而於一九四五年八月二日共同發表波茨坦宣言，為重建德國為一愛好自由國家，提出兩大方針，一是德國民主化，二是政治地方分權。各軍管區所佔領之鄉、州、市、邦，於一九四六年及一九四七年中分別完成議會選舉，成立議會。如何統一德國問題，東西方外長，先後於莫斯科及倫敦舉行會議，因英美意見分歧而告破裂，西方之美、英、法三國成立倫敦協定，就西方佔領區建立西德聯邦政府，並授權各邦首相召集制憲會議起草聯邦憲法。

西德憲法仍以德國威瑪憲法為基礎，並依波茨坦宣言所定：民主化及地方分權之指針，採內閣制，以國會為政權最高機關，分參議院與眾議院，參議院由各邦選派代表組成之，眾議院由各邦國民選出議員組成之，唯眾議院方為代表全國人民機關，而於憲法中明白規定，總統、內閣總理、聯邦憲法法院法官，均得由眾議院單獨或會同其他機關選舉之，並擁有立法、財政同意、監督等權。內閣總理由總統提名，由眾議院決定之，因而內閣總理對眾議院負責，依西德憲法規定總統職權較威瑪憲法所定者為小。其應負之責任有三，⑴在執法上，與一般國民負同一責任。⑵在刑法上，亦與一般國民同。⑶在憲法上，則負責憲法或其他聯邦法律之責任，除追究總統之刑事責任或限制其自由時，須先徵得眾議院之同意。否則，即不得為之。如總統故意違背憲法或其他聯邦法律時，眾議院或參議院均得向聯邦法院提出彈劾，彈劾案須經眾議院或參議院任何一方議員四分之一以上之提議，三分之二以上之決定，始可提出，聯邦憲法法院若認為總統有故意違反憲法或其聯邦法律時，得宣告總統免職，除總統明定應交彈劾外，其他官吏均不受彈劾，蓋責由其主官長官本於職權而為監督也。按彈劾權之行使為議會，多以國務大臣為對象，而其彈劾程序，至為繁複，費時費事，故各國監察制度，對於微員末吏，多不在彈劾之列，而事實上並非可能也。

第六節　日本監察制度

日本為一帝制政體，日皇在表面上主宰一切，而實際權力，則操於藩閥之手。明治維新時代，力圖改革，於一八八九年制頒維新憲法，採西方國家內閣制，設國會，藩閥權力日漸削減，天皇又大權獨攬，維新憲法，徒具虛名。繼之而起者，官僚、財閥、軍閥，較藩閥尤甚，天皇又大權旁落，聽命於軍閥，因而挑起中日八年戰爭，及自戰敗投降，始徹悟其非，我先總統　蔣公一本舉廢國之襟懷，以德報怨之恕道，在與盟國佔領期間，堅決主張維持原有天皇制度，并促其仿波茨坦宣言，應以：民主主義，和平主義，與：責任政治為基礎，就原大日本帝國憲法，（即維新憲法），另行起草日本國憲法，在同盟國佔領軍最高統帥麥克阿瑟將軍之指導下，完成新憲法草案，由日皇於一九四六年十一月三日公布，翌年五月實施，確立君主立憲政體。並於憲法序言中稱：「日本國民，決意循由曾受正當選舉之國會代表而行動，對於我等及我等之子孫，確保與各國協和而得之成果，及全國各地自由之澤惠，並決意防止因政府之行為而重臨之戰爭殘酷，茲特宣言，主權屬於國民，而確立此項憲法，夫政府乃國民之神信託，其權威來自國民，其權力由國民代表行使之，其福利由國民共享之，此乃人類之普遍原理，本憲法即基於此項常理者，故凡與此相反之任何憲法、法令、詔勅、我等決拒絕而排除之………」。於此序言中，政體起於民主已可概見也。

八年中日戰爭，我國損失之財物與生命，不可以道里計，為防止其再度窮兵贖武為禍未來，故其新憲法中第六十六條第一項規定：「內閣依法包括為其首長之內閣總理大臣，及其他國務大臣，均須由文人任之」。即限制軍人不得參政，而其全部憲法中，防衛性軍事設施均未提及，故戰後四十年來，促使日本工業發達，經濟繁榮，冠於遠東，並與西方工業先進國家，一較短長，人類深受其益，不能不歸功於新憲法之所致，吾人之可以為此敘述者，蓋所受戰爭之慘痛記憶猶新，期我國人之能奮發為雄也。

日本國會參眾兩院議員，均由民選，而參議員則由眾議員中產生，內閣總理及其閣員，亦於參眾兩院之議員任之，較其他各國內閣制及其國會之組織較為民主，更臻完善。惟關於監察制度，在憲法中未有明確之規定，茲就其第七十八條：「法官，除依法宣告因心身故障，不適於執行公務者外，非經官方彈劾，不得罷免之。法官之懲戒處分，不得由行政機關為之」。又第七十九條規定：「……最高法院法官之任命，應於其任命後，眾議院議員第一次選舉時，交付國民審查……，上項所提審查投票情形，如投票者多數贊成罷免某法官時，該法官應即解職」。及第六十四條規定：「國會為裁判曾受罷免追訴之法官，應設立彈劾裁判所，由兩院若干議員組織之。關於彈劾事項，以法律規定之」。

由上面條文觀之，受罷免與彈劾者，僅以法官為限，而行使彈劾權之人為誰？未為明定，就各國國會制度言之，當指國會之眾議院或下議院之議員而言，彈劾裁判所，為執行懲戒之主管機關，當可解為日本之監察制度，亦即日本對法官之違失行為，其彈劾與懲戒均屬國會，惟一般公務員，均不在彈劾之內。

第七節　其他各國之監察制度

監察制度，旨在防止行政機關政府之腐化，確保人權之唯一方法，凡趨向於民主潮流者，均以立憲為首務，而憲政體制，則以組織國會為前提，民主立憲政體如是，君主立憲政體如是，極權政體亦如是，各設有參議院或上議院，下議院或眾議院，除下議院或眾議院之議員，類為民選外，而參議院或上議院之議員，有由貴族充任者，有由世襲者，有由委任者，亦有民選者，或為間接選舉者，其產生方式不一，咸認以眾議院或下議院為真正民意代表機關，甚受重視，因之，重要法案，多由眾議院或下議院所決定，有如前述。

凡設有國會國家，政權多操於國會之參眾或上下兩院，治權賦予行政機關，受國會之監督，多於憲法中規定之，而執行監督者，類為眾議員或下議員，君主已無特權可資行使，形成國家偶像，因而議員對行政主管，不問其為總統制之傳統，內閣制之首相（總統）或其閣員，甚至及其所有之公務員，均在監督之列，對其違法失職，均得行使監察權而予提案彈劾，惟各國憲法所定彈劾之對象，帝國，審判機關，懲戒標準各有不同，而監察制度，則同所重視。茲簡述如左：

㈠僅以總統為彈劾對象者，如巴基斯坦、印度、敘利亞、西德是。

㈡以內閣大臣，國務員，內閣閣員為彈劾對象者，如比利時、丹麥、冰島是。

㈢以總統、部長為彈劾對象者，如法國、土耳其是。

㈣以部長、國會議員、最高法院、行政法院，選舉法院之法官為彈劾對象者，如烏拉圭是。

㈤以聯邦總統、部長、邦長、及其所屬機關首長為彈劾對象者，如奧地利是。

㈥以總統、副總統、最高行政機關首長、外交使節為彈劾對象者，如哥斯達利加是。

㈦以總統、國會議員、法官、部長、次長、外交代表、審計院院長為彈劾對象者，如尼拉瓜是。

㈧以總統、內閣閣員、國家檢察長、最高法院法官為彈劾對象者，如哥倫比亞是。
㈨以總統、國會議員、最高法院法官、國務員為彈劾對象者，如祕魯是。
㈩以總統、國務員、高等法院法官、審計長、陸、海、空軍將官、首長、縣長為彈劾對象者，如智利是。
⑪以國務員、最高法院法官、國會議員為彈劾對象者，如挪威是。
⑫以總統、副總統、部長、法官為彈劾對象者，如阿根廷是。
⑬以國會議員、部長、殖民地總督、國務大臣、各省欽命委員為彈劾對象者，如波蘭是。
⑭以執行公務之人員、最高法院、行政法院法官為彈劾對象者，如瑞典是。
⑮以總統、內閣總理、閣員為彈劾對象者，如義大利是。
⑯以總統、閣員為彈劾對象者，如上伏塔、加彭、波多黎各是。
⑰以總統、部長、最高法院法官為彈劾對象者，如巴西是。
⑱以總統、最高法院法官、外務人員委員會、審計委員會、選舉委員會委員為彈劾對象者，如菲律賓是。

(十九)以總統、最高法院、高等法院法官為彈劾對象者，如緬甸是。
(廿)以政府官員為彈劾對象者，如墨西哥、多明尼加是。
(廿一)以總統、國務總理、部長為彈劾對象者，如芬蘭是。
(廿二)僅以法官為彈劾對象者，如日本是。
(廿三)以總統、副總統、聯邦政府文官、法官為彈劾對象者，如美國是。
(廿四)以總統、國務總理、國務委員、政府各部首長、法官、中央選舉管理委員會委員、監察院委員，及其他法律明定公務人員為彈劾對象者，如韓國是。
(廿五)以總統、副總統、全國公務人員、法官、軍人、公營事業人員為彈劾對象者，如我中華民國是。

以上各個國家對於彈劾之原因，對總統、副總統多屬叛逆罪，其餘人員，類屬違法失職，或重罪惡行，對於違法失職者，有以在執行公務為限，亦有私生活行為亦屬之。其審判機關，大致均為參議院，而懲戒機關，有為國會者，有為司法者，亦有組織特別機構者，懲戒程序，有僅予免職者，有免予追訴刑責者，有追訴刑責者，有褫奪公權者，有不褫奪公權者，惟我國則以撤職、休職、降級、減俸、記過、申誡等視其犯行之輕重程度懲戒之；但政務官則於撤職及申誡處分為限。如涉及刑事者，則移送司法機關偵辦之，其他國家亦間有類此情形。

第五章　監察院與國民代表大會、行政院、立法院、司法院、考試院等間之關係

第一節　國民代表大會，與立法院、監察院間為國家政權機關，合稱曰國會。

國民代表大會，為依憲法第廿六條由全國人民選舉之代表所組成，行使第廿七條：選舉總統、副總統。罷免總統、副總統。修改憲法。複決立法院所提之憲法修正案。第卅條第一項第二款，監察院對總統、副總統彈劾案之審判等職權。立法院，為依憲法第四十六條由全國人民選舉之立法委員組成之，為全國最高立法機關，行使第六十三條：議決法律案、預算案、戒嚴案、大赦案、宣戰案、媾和案、條約案、及國家其他重要事項等職權。監察院，為依憲法第九十一條由全國省、市、蒙古、西藏議會，華僑團體的

選舉之監察委員組成之，為全國最高之監察機關，行使第九十條之同意，彈劾、糾舉、審計等職權。國民大會以全體代表選舉主席團主持之，立法院以全體立法委員選舉院長主持之，監察院以全體監察委員選舉院長主持之，即各該機關之主持人均非政府委派，而係由代表或委員自己選舉，與政府一般官員之產生者迥異，其職權之行使非但不受干涉，並足以控制政府，故同為國家最高政權機關也。

國民大會、立法院、監察院合稱曰國會。政府遷台時，究竟誰為國會代表機關？互相爭執，學者專家，亦有見仁見智，看法不同，嗣經司法院大法官會議，依據憲第八十七條賦予之職權以釋字第七十六號解釋：「我國憲法係依據　孫中山先生之遺教而制定，於國民大會外，並建立五院，與三權分立制度，本難比擬，國民大會代表全國國民行使政權，立法院為國家最高之立法機關，監察院為國家最高監察機關，均由人民直接、間接，選舉之代表或委員所組成，其所分別行使之職權，亦為民主國家國會重要之職權，雖其職權之行使方式，如每年定期集會，多數開議，多數決議等，不盡與各民主國家國會相同，但就憲法上之地位，及職權之性質而言，應認國民大會、立法院、監察院，共同相當於民主國家之國會」。於此爭端始息，國會亦告定位。

吾人尚需進一步說明者，就世界各立憲國家而言，不問為君主立憲或民主立憲，其政權均操縱於國會，除君主立憲政體之君主外，民主立憲政體之總統、副總統、內閣制總統、內閣閣員、或國務大臣，或其他重要官員，大多取決於國會之同意。而國會所執掌之政權，包羅萬象，我　國父孫中山先生，已非三權分立之國會所可總攬其成，予以分工，而於國民大會之外，設置立法院與監察院，故於五權憲法中，國民大會掌總統、副總統之選舉及罷免、憲法之修改，複決立法院所提憲法案之修正。立法院掌法律、預算、戒嚴、大赦、宣戰、媾和、條約、及國家其他重要事項之議決。監察院掌同意、彈劾、糾舉、審計等權之行使，均屬國會職權。而行使者既為國民大會與立法，監察兩院，各執行其中之一部分，且明白規定於憲法中，由制憲之精神觀之，爭議即屬多餘，特就大法官會議釋字第七十六號補充說明。

第二節　監察院與國民大會及立法院之地位和關係

依據憲法規定與大法官所為解釋，彼此地位相等，因為執行國家政權機關，各自獨立行使職權，互不相關，僅有橫的連繫關係，而無直的隸屬關係，如彈劾總統、副總統之決議案，提請國民大會審判之，與檢察官對被告起訴之情形相同，其職權即告結束，不因移送審判而生隸屬關係也。與立法機關，依憲法第一百零四條：「監察院設審計長，由總統提名，經立法院同意任命之」。及第一百零五條：「審計長應於行政院提出決算後三個月內，依法完成其審核，並提出審核報告於立法院」。此為審計長逕向立法院為之，並不經監察院移送。反之審計長，對全國政府各機關，所為事前審計，事後審計，稽察，須向監察院長呈報，即審計長在組織體制上，為監察院所屬機關，在業務上，又兼受立法院之監督，並向其負責。此外監察院如有法律案，依憲法第六十三條之規定，須送立法院議決之，與其他各院相同，而其議決後，尚須咨請總統公布及定期施行，始生效力，為係基於制定程序使然，不得視同隸屬關係。

就監察權之行使言之，依憲法第九十七條第二項規定：「監察院對於中央及地方公務人員，認為有失職或違法情事，得提出糾舉案或彈劾案，如涉及刑事，應移送法院辦理」。該條項所稱之中央公務人員，依大法官會議釋字第十四號解釋，除國民大會代表，立、監兩院委員，因係民選，並非政府派任，自不在糾彈之列，又同條項所稱地方之公務人員，依大法官會議釋字第卅三條解釋，省（市）、縣（市）、議會之議員，同屬民選代表，而處理議會事務之議長，其本職並屬議員，並不在糾彈之內，按大法官會議上面兩項解釋，除中央與地方之民意代表外，凡國民大會、立法院、監察院、總統府、各院部會、省（市）、縣（市）、議會之公職人員，以及各級學校，公營事業人員，均得予以糾彈，即監察權之行使範圍，非僅中央及地方各級政府，亦及非中央與地方各級民意機關之公職人員，而各級學校與公營事業人員，如有違失，監察院委員或監察使，本於憲法所賦予之職權，均可糾彈之。為與各級政府與民意機關之一種特別關係也。稱特別關係者，須以違失事件而生，否則，此種關係即不存在。

第三節　監察院與行政、司法、考試三院間之關係。

行政、司法、考試三院，為國家最高治權機關，依憲法第五十五條第一項規定：「行政院院長由總統提名，須立法院之同意任命之」。第六十六規定：「行政院於會計年度結束後四個月內，應提出決算於監察院」。第七十九條規定：「司法院院長、副院長各一人，由總統提名，經監察院同意任命之。司法院設大法官若干人，掌理本憲法第七十八條規定事項，由總統提名，經監察院同意任命之」。第八十三條規定：「考試院院長，副院長各一人，考試委員若干人，由總統提名，經監察院同意任命之」。又行政院除依憲法第五十七條各款規定向立法院負責外，並與司法院、考試院同對國家法律負責，蓋其均為治權機關，行使之治權行為，必須基於法律授權者為限，又憲法第九十九條規定：「監察院對於司法院，或考試院人員失職或違法之彈劾，通用本憲法第九十三條，第九十七條，第九十八條之規定」。又第一百條規定：「監察院對於總統、副總統之彈劾案，須有全體監察委員四分之一以上之提議，全體監察委員過半數之審查及決議，向國民大會提出之」。又總統之彈劾案，依憲法第五十二條之規定，以犯內亂或外患罪為限，並不受刑事處分，但副總統則無此豁免權也。由以上憲法條文觀之，除總統、副總統為須具備嚴格條件外，監察院之政權行使，可及於行政、司法、考試三院全體人員，而三院行使之治權，則不及於監察院委員，但憲法第十九條之納稅義務，與第廿條服兵役之義務，仍須遵守之。

第六章　監察權為人權之最後保障

第一節　基本人權

著者所主張之人權，不是西方學者盧梭所謂的漫無限制的天賦人權，而是每一個人所有的基本人權，亦稱法賦人權，依憲法第七條：「中華民國人民，無分男女，宗教，種族，階級，黨派，在法律上一律平等」。稱基本人權者，即憲法所定：身體之自由，居住及遷徙之自由，秘密通訊之自由，信仰宗教之自由，集會及結社之自由，生存權，工作權，財產權，請願權，訴願權，訴訟權，選舉權，罷免權，創制權，複決權，應考試權，服公職權，以及其他自由權利，不妨害社會秩序，公共利益者，均受憲法之保障。凡公務員違法侵害人民之自由或權利者，除依法受懲戒外，應負刑事及民事責任，被害人民，就其所受損害，並得依法律向國家請求賠償。需應說明者，上列自由權利雖云為每一個人民所有之基本人權，除生存權不得拋棄者外，其他之自由或權利，可以行使，亦可不予行使，第三人不得強迫為之，即立足點平等之基本人權，此外亦有依條件始可取得之權力，曰特別人權。如服各種公職，及應各類不同考試，應各類考試，則須具備各類科資格條件，即身分平等。又主官有主官職權，非主官有非主官職權，依銓定級俸等階享受同一給與，為職務及待遇之平等。此一特別人權之取得，只受資格與條件之限制，於人則非所計也。

第二節　權利行使範圍

不問為基本人權，或特別人權，在法律社會，均有行使之限度，如任意為之，逾越其行使範圍，即屬侵權行為，則須受到法律制裁。因為若干權利，須以義務為取得條件，就自由權言之，供公眾得出入之場所，例圖書室、市場，紀念館等，某甲不許某乙出入，供公共交通之舟車，某甲不許某丙搭乘，供公眾行走之道路，某甲不許某丁通行，則某甲之行為，顯非應分自由權之行使，而妨害到社會秩序與公共利益。就財產權言之，張三見李四衣有錦繡，食有珍饈，住有華屋，行有轎車，王五田連阡陌，金銀滿倉，趙六擁有黃金、珠寶、美鈔，而心生歹意，或竊而取之，或搶而奪之，或擄而勒之，當不在自由權限之內，非但不受憲法之保障，還要受到國家法律之制裁，自不得指為人權受到侵害。

第三節　公權力須依法行使

法為公器，亦為評論是非與曲直之度、量、衡，失出不可，失入更不可，蓋公權力之行使，首重維護多數人之權益，制裁侵害權益之少數人，達成此一目的，庶足以使公權力產生公信力之效果，為須取決於執行者之品德與素質。其最足以侵害人權權益者，茲分別說明於次：

㈠普通行政人員：⑴依行政執行法而為處分；其權限認為人民有該法條第七條各類情形之一者，將直接拘束其自由廿四小時以內，認為人民持有之物有該法條第八條之情形者將扣留其物品卅日以內，對於人民之住所或居所，認為有該法第十條第一項各款之一者，得逕自侵入之，資為強制直接處分之依據。認為人民依法令或本於法令，負有行為之義務而不為，或負有不行為之義務而為之者，依該法第四條之規定，得為間接強制罰鍰之處分，由執行之公務員認定之，漫無一定標準，難免不無出入而侵害人民權益。(2)依違警罰法及道路交通管理規則而為處分；上列兩種法規之執行，均由交通或巡邏警員為告發人兼違警認定人，依違警罰法之處罰規定，自該法第五十四條和第七十八條，警察分局或分駐所，得對違警人民裁處居留一日以上，七日以下，並得加重五十四日以內，裁處罰鍰為銀元一元以上，五十元以下，並得加重為一百元以內，尤其違警專章中，第三章為妨害風俗，第五章為妨害公務，第六章為誣告、偽證、或湮滅證據，第七章為妨害他人身體財產，類屬觸犯刑章，概可由執行警員認定，並得以違警處分之，其間難免不無流弊。至於依交通管理處罰條例之處，雖無自由刑之裁量，而罰金則可高達四千元，其以警察機關而執行司法機關之裁判權，則人民之身體自由及財產均受到侵害，亦即人民之基本人權未能獲得充分之保障，人民間時怨言。(3)依土地法，或都市計劃法對人民財產之處分；政府常有因國防設備、交通工業、公用工業、水利事業、公共衛生、國營事業等原因，徵收私有土地，而非征收之初，多未依土地法第二百零八條但書：「征收之範圍，應以其事業所必須者為限」之規定，常超過該興辦事業一倍以上，或征收完畢數十年後，根本未予使用，亦不依同法令二百十九條之規定，發還與原土地所有人。

又政府所為保留征收之土地，依土地法第二百十四條，其保留之期間為三年，其經延長者，至多為五年，且多逾保留征收期限。又於六十二年修正都市計劃第五十條：「公共設施保留地。在民國六十二年本法修正公布前，尚未取得者，應自本法修正公布之日起十年內取得之」。嗣再加以但書：「但有特殊情形，經上級政府之核准，得延長之，其延長期間，至多五年，逾期不征收，視為撤銷」。執行這項業務之公務員，多未遵照有關法令規定辦理，類似情形，為數甚多，即不言法，而事實亦值得檢討。

第七章 結語

行筆至此，回想中國行憲監察院已歷六十二年，自軍政、訓政而憲政，以及在臺灣歷經實施民主憲政之洗禮，而監察權由威聲高漲，降至低落式微，究其原因，不外乎法制不備，及人謀不臧之所致，甚望及時加以補救，以勵來茲。

一、法制方面：

㈠懲戒權應依五五憲草原有規定改隸於監察院。矧以目前司法案件，積案纍纍，已不堪負荷，故將懲戒一環，予以精簡，充實法官人數，專司違法案件，以紓解民怨。矧懲戒係屬行政違失，政、軍各級主官即有獎懲部屬之權，目前制度，行政主官對屬下之重大違失，可記大過二次予以撤職；軍事之主官尤對部屬之違犯軍令或臨陣逃脫者，更有撤職或處死之權，而堂堂監察院職司全國公務員之監督重責，豈可無懲戒權之理？世人譏為監察院是「一頭沒有爪牙之老虎。」洵不謬矣。似此，是不是批評為監察院有了懲戒權，而形成「球員兼裁判？」其實不然，例如：英、美實施三權分立的國家，彈劾與懲戒之權，均操在國會手上。如果我國由九位監察委員通過之彈劾案，而由全體監察委員超過二分之一通過懲戒，即不應說是：「球員兼裁判。」此不失為合宜合法之方式。

㈡美國哥倫比亞大學教授季爾杭(Walter gellhorn)精研監察長制度，曾草擬地方議會監察長組織條例的範本，頗見匠心，具有參考價值。全文譯錄於后：

第一條，名稱：本條例定名為某州或某市監察長組織法案。

第二條，定義：本條例所稱「行政單位」，是指某州或某市的機關或它的官員或僱員。但不包括a任何法院法官或其他附屬的司法幕僚；b任何立法團體的成員或委員會或幕僚；c行政首長或其個人幕僚。

第三條，官署：監察長的辦公室是某州或某市的一個獨立機關。

第四條，任命：監察長應由最高行政首長提名，經議員三分之二以上投票同意後予以任命。

第五條，資格：監察長應具備分析法律、行政和公共政策各種難題的能力，而不應與任何政黨有積極關係(actively involved)。

第六條，任期：

a監察長的任期定為五年，除非經議員三分之二以上投票認為喪失資格或犯罪或失職，或行為不檢，不得將他免職。

b監察長的職位因任何原因而出缺，由副監察長代理他的職務，直至新任監察長經任命就職為止。

第七條，薪俸：監察長應與該州最高法院之首席法官享有同等之薪俸、津貼和有關福利。

第八條，官署的組織：

a監察長為執行職責，可選擇並指派適當的助理和僱員，並予以預算經費範圍內的適當報酬。

b監察長應在他的助理中指派一人為副監察長，在監察長本人不能執行職責或長期缺席時，全權代理其職務。

c監察長得授權他的幕僚執行他的職權或職責，但不包括向行政單位提陳正式建議或向行政長官或議會提呈報告。

第九條，權限：監察長的權限如下：

a有權主動或接受申訴，而對任何行政單位的任何行政措施加以調查。

b決定控訴的提出、被接受和採取行動的方式，決定調查的範圍和方式，而且基於這一法案的要求，監察長可以決定他所作結論和建議的形式、次數和分送範圍。

c監察長可以要求各行政單位均應給予他為執行職責所需的協助和資料，他也可調閱各行政單位的紀錄和文件，他並可進入任何行政單位的土地和房屋而予以調查。

d監察長可簽發傳票，以強制任何人出面，宣誓作證，提出書面的或其他證據，只要他認為這些對於正式查詢的事是適切的。

e監察長可以從事、參與或協助一般的調查或研究，不論這與行政單位或行政法規是否有關，只要他深信如此能對有關行政單位的知識有所提高，或使該行政單位的功能有所改進。

第十條，宜於調查的事件：

a在選擇應予注意的案件時，監察長應當特別注意下列行政法規：

①與法律或法規相牴觸的；

②不合理的、不公平的、具有壓迫性的，或與行政單位功能的一般方針相牴觸的；
③在法律上是錯誤的，或在確定事實時是專斷的；
④動機不恰當或基於不切題的理由；
⑤在提出理由時，無法得到明確或足夠的解釋；
⑤未能有效率的完成；
⑥因其他原因而可予反駁的。
b監察長也可對程序和方法表示關切，而使其健全，以減少行政法規可能產生的流弊。
第十一條，對申訴採取的行動：
a監察長可能從任何一個來源得到有關某一行政措施的控訴，監察長應作適當的調查，除非他相信以下的可能性：
①控訴者尚有其申訴途徑或補救方法；
②不在監察長權限範圍之內；
③控訴者的利益與控訴主題沒有充分關係；

④所控訴的無足輕重、不足取的、纏訟式的，或是欺詐的；

⑤其他申訴更具重要性；

⑥監察長的能力不足以做一個完善的調查；

⑦申訴時間延遲過久，以致無法以目前審查來辨明其真相。

唯監察長對申訴之拒絕調查，並不影響（阻止）他繼續以自己的行動去深入查詢所申訴事件或相關問題。

b當監察長對於一項申訴完成考慮之後（不論是否經過調查），應以適當方式通知原申訴人，並在必要時，照會有關行政單位。

c一處監禁所在、醫院或行政單位控制下的任何機關中的人給監察長的信，應立即送達監察長，並不得先行拆封。

第十二條，與行政單位的諮商：在宣布一批評某一行政單位或個人的結論或建議之前，監察長應先與該單位或個人商討。

第十三條，建議：

a假使監察長經考慮後，認為一項申訴及相關資料是確切的，並認為行政單位應：

①對此事做進一步的考慮，
②修改或取消該項行政措施，
③變更該項法規或命令，
④對該行政措施應作更詳盡的解釋，
⑤採取其他步驟，

則監察長應向有關單位說明他的建議。若監察長作此要求，該行政單位應在監察長指定的時限內，將該單位對其建議所採取的行動，或未能順從其建議的理由，通知監察長。

b 假使監察長認為該項依法執行的行政措施是不公平的，或應予以反駁的，則他應該提請立法團體作適當的修改。

第十四條，建議案的公開發表：監察長可向行政官署或立法團體，或其委員會，或新聞界或任何有關機關發表他的結論、建議或提議。當監察長發表與行政單位或公務人員相反的意見時，他應（除非獲得該單位或官員的諒解）將行政單位或官員用以解釋過去困難和目前拒絕監察長建議的任何聲明的大意包括在內。

第十五條，報告：除經常報告外，監察長在每年二月十五日左右，向立法團體和行政官署提出上一年度有關職責行使的報告。在討論過去所處理的事件時，如有可能引起不必要的困難者，監察不必指出那些直接有關的人員。如果指名批評，則他們的答覆之大綱，也應包括在報告內。

第十六條，公務人員的懲戒：如監察長有理由認為任何官員雇員或其他人員犯罪或違法失職，應向有關當局報告實情。

第十七條，監察長的豁免權：

a監察長的任何措施、意見，或措辭不受法院的再議；

b在執行職責時，監察長和任何他的幕僚所做、所說或所忽略的，都不負民事責任；

c監察長或他的任何幕僚，都不會被要求在任何司法或行政訴訟中為其公務管轄權範圍內的任何事情作證，或提供證據，除非為澈底實施本法的必要。

第十八條，證人的權利和義務：

a監察長所要求提供證言的人，應與法院的證人得到相同的費用和旅行津貼。

b凡是被監察長要求提供口頭或文件資料的人，得到本州法院的證人享有相同的特權和豁免權，在接受詢問時，有權由律師陪同並作顧問。

c凡拒絕監察長的傳票，拒絕接受調查或有阻撓性的不當行為者，監察長得向有關法院提出上述事實，該法院應即簽發傳票令其出庭，並提出他不必為其藐視行為而受懲的理由。該項命令和監察的副本須一併送達。該被告將接受審判，被定罪，或洗脫罪名，一如民事訴訟的審判程序。

第十九條，妨害處罰：凡故意阻止或妨害監察長正當行政職權，或故意或企圖將監察長在偵詢時，導致錯誤者，都得被科以一千元以下的罰鍰。

第二十條，與其他法律的相關性：本法案的條款，乃是其他任何法令的外加條款，不能限制或影響其他法規所規定對任何人賠償或申訴的權利，或對任何事端的調查或偵詢所備的步驟。儘管任何法規可能規定某一行政法案為終結或不得再申訴，監察長仍可行使其法定權力。

第二十一條，預算：授權指撥相當數目的款項，以應付執行本法的需要。

第二十二條，生效日期：本法立即生效。

依上條例規劃，如果中國實施地方議會監察長制度，而因中國已有監察院，其權力且直貫到地方政府，二者是否發生重複與衝突？在形式上似乎重複，實則是分工而合作，如立法院之與地方議會一樣，依憲法第十章「中央與地方之權限」，乃各有專司，也不相衝突。但憲法規定，監察院之監察權，不僅行使於中央，而且兼及地方。例如：監察院可以彈劾全國公務員。然地方議會監察長並無彈劾權與糾舉權，對地方公務員之糾彈，仍由監察院掌理之。依照世界各國通例，監察長僅得將調查報告移送該主管機關加以檢舉，或移請監察院依法糾舉，是以監察院又多一耳目。至於同一事件的糾正，萬一監察院之意見與監察長之意見發生衝突時，可參照憲法第一百十一條之精神，由監察院解決之。

二、人事方面

當今監察委員如依八十九年憲法增修臨時條款第七條第二項監察院監察委員二十九人，並以一人為院長一人為副院長，任期六年，由總統提名，經立法院同意任命令，缺乏民意基礎。應改由各院轄市議會、縣市議會、蒙、藏地方議會及華僑團體分別選舉產生；如情勢許可，則由人民直接選舉之更佳。似此獲得充份民意依據，與立法院併肩同為上、下議院之國會，權位至高。至監察委員名額，按現有名額酌增若干。並規定每五年改選一半，俾監察權行使經驗連續，更慎妨監察委員改選稽誤而中斷脫節。

總而言之，目前之課題，除監察院如何作技術之改制，而加強其功能和貢獻，祇須在方法與人事必要的精選晉用即可。

本書之論述，僅盡可能之建議參考云云。

參考資料

書名	出版年月	著者	出版公司（廠商）
國父遺教全集			中央文物供應社
中國歷史			
中華民國憲法與五五憲草之異同	70 4	國民大會憲法研討委員會	
世界各國憲法大全			正中書局
修訂增補各國憲法及其政府	64 10 修增立版	薩孟武、劉慶瑞	台北市清水印刷廠
比較憲法	55 4 初版	鄒文海	三民書局有限公司
比較憲法	61 10 五版	左潞生	正中書局

中華民國憲法逐條釋義　第一冊59 1 第二冊62 7 第三冊64 10　林紀東　海天印刷廠

中華民國憲法釋論　69 4 初版 70 4 改訂版　林紀東　明文印刷廠

中國憲法釋論　37 9　羅志淵　上海昌明書屋

比較監察制度　67 7　陶百川　三民書局印行

中國監察制度　常澤海

中國監察制度　67 10　馬空群　正中書局

民國監史概要　63 6　李世勳　台北市永裕印刷廠

監察法輯要　監察院秘書處編印

監察院秘書處講義　73 8　監察院秘書處

審計正要　67 7　劉陶福　建豐印刷廠

最新審計全輯　審計部

憲法　張治安　華視文化事業股份公司附設中華出版社